AMOURS et AVENTURES

DE

JACQUES CASANOVA

Illustrations
de
G. Chamonin

PRIX
3 fr. 50
Franco par la poste
3 fr. 75

PARIS
LIBRAIRIE P. FORT

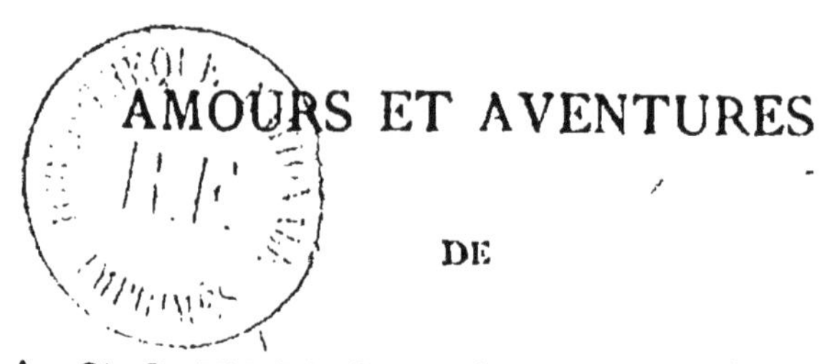

AMOURS ET AVENTURES

DE

JACQUES CASANOVA

DE SEINGALT

AMOURS ET AVENTURES

DE

JACQUES CASANOVA

DE SEINGALT

Nouvelle édition revue et corrigée

PARIS

P. FORT, LIBRAIRE

19, rue du Temple, 19

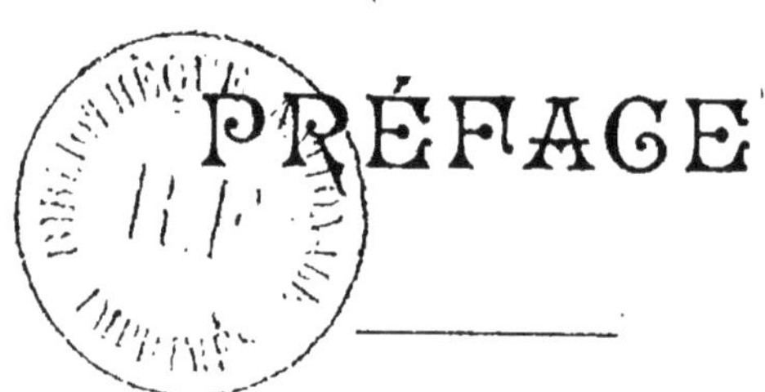

PRÉFACE

Je commence par déclarer à mes lecteurs que dans ce que j'ai fait de bon ou de mauvais durant le cours de ma vie, je suis sûr d'avoir mérité ou démérité, et par conséquent je dois me croire libre.

Quoique l'homme soit libre, il ne faut cependant pas croire qu'il soit maître de faire tout ce qu'il veut ; car il devient esclave en se laissant entraîner à agir lorsqu'une passion le domine. Celui qui a la force de suspendre ses démarches jusqu'au retour du calme est le vrai sage : mais ces êtres sont rares. Malgré un fonds d'excellente morale, fruit nécessaire des divins principes enracinés dans mon cœur, j'ai été toute ma vie la victime de mes sens ; je me *suis plu à m'égarer, j'ai continuellement vécu dans l'erreur, n'ayant d'autre consolation que de savoir que j'y étais. Ainsi j'espère, chers lecteurs, que, bien loin de trouver dans mon histoire le caractère d'une impudente jactance, vous n'y trouverez que celui qui convient à une confession générale, sans que dans le style de mes narrations vous trouviez ni l'air d'un pénitent, ni la contrainte de quelqu'un qui rougit d'avouer ses fredaines. Ce sont des folies de jeunesse : vous verrez que j'en ris, et, si vous êtes bon, vous en rirez avec moi.*

Je commence d'abord par vous dire que j'ai eu successivement tous les tempéraments : le pituiteux dans mon enfance, le sanguin dans ma jeunesse, plus tard le bilieux, et j'ai enfin le mélancolique, qui probablement ne me quittera plus. J'ai toujours joui d'une bonne santé, ayant appris de bonne heure que ce qui l'altère est toujours l'excès soit de nourriture, soit d'abstinence ; je n'ai jamais eu d'autre médecin que moi-même. Je dois dire ici que j'ai trouvé l'excès en moins bien plus dangereux que l'excès en plus ; car si ce dernier donne une indigestion, l'autre donne la mort. Le tempérament sanguin me rendit très sensible aux attraits de la volupté; j'étais toujours joyeux et toujours disposé à passer d'une jouissance à une jouissance nouvelle, en même temps que j'étais fort ingénieux à en inventer. C'est de là que me vint sans doute mon inclination à faire de nouvelles connaissances et ma grande facilité de rompre.

Cultiver le plaisir des sens fut toujours ma principale affaire; je n'en eus jamais de plus importante. Me sentant né pour le beau sexe, je l'ai toujours aimé et m'en suis fait aimer tant que j'ai pu. Si l'on me nomme sensuel, on aura tort, car la force de mes sens ne m'a jamais fait négliger mes devoirs, quand j'en ai eu. Par la même raison, on n'aurait jamais dû traiter Homère d'ivrogne :

Laudibus arguitur vini vinosus Homérus (1).

J'ai aimé les mets de haut goût : le pâté de macaroni fait par un bon cuisinier napolitain, l'olla-podrida des Espagnols, la morue de Terre-Neuve bien gluante, le gibier au fumet bien prononcé, et les fromages dont la perfec-

(1) C'était pour honorer ce poète divin (Homère).
Qu'on l'accusa jadis de trop aimer le vin.

tion se manifeste quand les petits êtres qui s'y forment commencent à devenir visibles. Quant aux femmes, j'ai toujours trouvé suave l'odeur de celles que j'ai aimées.

Quels goûts dépravés! dira-t on; quelle honte de les avouer et de ne pas en rougir! Cette critique me fait rire; car, grâce à mes goûts, je me crois plus heureux qu'un autre, puisque je suis convaincu qu'ils me rendent susceptible de plus de plaisir.

Si quelquefois on trouve que je peins certaines scènes amoureuses avec trop de détails, qu'on se garde de me blâmer, à moins qu'on ne me trouve mauvais peintre, puisqu'on ne saurait faire un reproche à ma vieille âme de ne savoir plus jouir que par réminiscence. La vertu au reste pourra sauter tous les tableaux dont elle serait blessée, c'est un avis que je crois devoir lui donner ici. Tant pis pour ceux qui ne liront pas ma préface; ce ne sera point ma faute, car chacun doit savoir qu'une préface est à un ouvrage ce que l'affiche est à une comédie : on doit la lire.

Je n'ai pas écrit ces mémoires pour la jeunesse qui, pour se garantir des chutes, a besoin de rester dans l'ignorance, mais bien pour ceux qui, à force d'avoir vécu, sont devenus inaccessibles à la séduction, et qui, à force d'avoir demeuré dans le feu, sont devenus salamandres.

Les vraies vertus n'étant qu'habitudes, j'ose dire que les vrais vertueux sont ceux qui les exercent sans se donner la moindre peine. Ces gens-là ne sont pas intolérants, et c'est pour eux que j'ai écrit.

CHAPITRE PREMIER

Notice sur ma famille. — Mon enfance.

Je suis né à Venise, le 2 avril 1725; mon père, Gaëtan-Joseph-Jacques Casanova, avait quitté sa famille, qui habitait Parme, pour suivre une actrice nommé Fragoletta, qui jouait les rôles de soubrette.

Amoureux et n'ayant pas de quoi vivre, il se détermina à gagner sa vie en tirant parti de sa propre personne. Il s'adonna à la danse et, cinq ans après son départ de Parme, il joua la comédie, se distinguant par ses mœurs plus encore que par son talent. Soit inconstance ou jalousie, il quitta la Fragoletta et entra à Venise, dans une troupe de comédiens qui jouait sur le théâtre de Saint-Samuel.

Vis-à-vis de la maison où il logeait demeurait un cordonnier nommé Jérôme Farusi, avec sa femme Marzia, et Zanetta, leur fille unique : beauté parfaite, âgée de seize ans.

Mon père devint amoureux de la belle Zanetta ; il l'enleva, puis l'épousa quelques jours après. Marzia, sa mère, fut au désespoir et son père mourut de chagrin. Cependant, l'année suivante, Marzia pardonna à sa fille et me prodigua même toutes les marques de la tendresse la plus vive.

Mon père partit pour aller jouer la comédie à Londres, et ce fut dans cette grande ville que ma mère monta sur le théâtre pour la première fois.

En 1727, elle accoucha de mon frère François, célèbre peintre de batailles, établi à Vienne, où il exerce son état depuis 1783.

En 1730, elle mit au monde mon frère Jean, qui mourut à Dresde, vers la fin de l'année 1795, au service de l'Électeur, en qualité de directeur de l'Académie de peinture ; et, dans les trois années suivantes, elle devint encore mère de deux filles, dont l'une mourut

Elle venait me peigner tous les jours. (Page 19.)

en bas âge, et l'autre fut mariée à Dresde, où elle vivait encore en 1798. J'eus aussi un frère posthume, qui se fit prêtre, et qui mourut à Rome, il y a quinze ans.

Voici les débuts de mon existence en qualité d'être pensant.

Vers le commencement du mois d'août 1733, l'organe de ma mémoire se développa. Je me souviens que mon frère François, plus jeune que moi de deux ans, jouait dans la chambre de mon père qui travaillait à un ouvrage d'optique.

Un gros morceau de cristal fixa mon attention Il était taillé à facettes et je fus enchanté de voir les objets si multipliés, que je saisis le moment où personne ne faisait attention à moi, et je le mis dans ma poche.

Quelques instants après, j'entendis mon père qui réclamait son morceau de cristal.

Mon frère lui ayant dit qu'il ne l'avait pas touché, l'idée vint à mon père de nous fouiller ; alors je m'approchai traîtreusment de mon frère, et je lui glissai dans la poche le morceau de cristal.

Mon père, après de vaines recherches, trouva la boule fatale dans la poche de l'innocent, qui fut vertement châtié. J'éprouvai, pour la première fois, un violent remords de ma mauvaise action ; mais, hélas ! il était trop tard pour réparer la faute que j'avais commise. Je me suis toujours souvenu de cette action coupable.

Six semaines après cette aventure, mon père fut attaqué d'un abcès dans l'intérieur de la tête ; au bout de huit jours, il était mort.

Deux jours avant cette triste fin, mon père, sentant qu'il allait cesser de vivre, voulut nous voir tous auprès de son lit, en présence de sa femme et de MM. Grimaldi, nobles Vénitiens, qu'il avait fait venir pour les engager à devenir nos protecteurs. Il fit promettre à ma mère qu'elle n'élèverait aucun de ses enfants pour le théâtre, puis il mourut après nous avoir donné sa bénédiction.

L'abbé Grimaldi promit à ma mère de s'occuper de moi. Le 2 avril 1734, jour où j'accomplissais ma neuvième année, l'abbé me conduisit à Padoue, afin de me mettre en pension.

M. Baffo, grand ami de feu mon père, m'accompagnait, ainsi que ma bonne mère.

Nous nous embarquâmes dans un *Burchiello*, et nous arrivâmes par le canal de la Brenta, à dix heures du soir, chez Ottaviani, chimiste distingué et grand ami de M. l'abbé Grimaldi.

On nous fit l'accueil le plus cordial.

Ottaviani avait cinq ou six enfants, entre autres une fille de huit ans, appelée Marie, une autre de sept, nommée Rose, jolies comm les anges. Dix ans après, Marie devint la femme du courtier Colonda et Rose, quelques années plus tard, fut mariée au praticien Pierre Marcello.

Ottaviani nous mena chez une vieille Esclavone, qui louait le premier étage de sa maison à la dame Mida, femme d'un colonel esclavon. On lui remit ma malle et six sequins, pour six mois d'avance de ma pension.

On m'embrassa, en m'ordonnant d'être docile à ses ordres, et on me laissa là.

Ce fut ainsi qu'on se débarrassa de moi.

CHAPITRE II

Ma grand'mère me met en pension chez le docteur Gozzi. — Mon premier amour.

Je fus très malheureux chez l'Esclavone; j'avais à peine de quoi satisfaire ma faim et je passais mes nuits sur un misérable grabat, dévoré par la vermine qui ne me laissait ni trève ni repos. Dans le jour on me conduisait chez le docteur Gozzi, qui était chargé de m'enseigner à lire et à écrire. — Mon maître prit un soin particulier à m'instruire, et ce bon prêtre me fit souvent asseoir à sa table pour satisfaire mon appétit.

Le docteur, qui m'aimait, me fit venir un jour dans son cabinet et me demanda si je voulais me prêter aux démarches qu'il me suggérerait pour sortir de la pension de l'Esclavone et entrer chez lui. Me trouvant enchanté de la proposition, il me fit écrire trois lettres : l'une à l'abbé Grimaldi, la seconde à mon ami Baffo et la troisième à ma bonne grand'-mère.

Huit jours après, cette excellente femme, qui m'a aimé jusqu'à la mort, me retira de chez l'Esclavone et m'installa chez le docteur Gozzi, prêtre âgé de vingt-six ans, rebondi, modeste et révérencieux. En moins d'un quart d'heure tous les arrangements furent terminés.

La famille du docteur Gozzi se composait de sa mère, qui avait beaucoup de respect pour lui à cause de son état, et de son père, qui était cordonnier. Ce dernier travaillait toute la journée, ne parlant à personne; mais les jours de fête, il les passait régulièrement au cabaret avec ses amis, ne rentrant au logis que complètement ivre. Le docteur avait aussi une sœur, âgée de treize ans, nommée Bettine; elle était jolie, très gaie et grande liseuse de romans. Cette fille me plut d'abord sans que je susse pourquoi, et ce fut elle qui jeta peu à peu dans mon cœur les premières étincelles d'une passion qui, par la suite, devait me dominer.

Ma mère était retournée à Venise, où elle demeura jusque vers le mois de mars 1736 : ce fut vers cette époque qu'elle écrivit au docteur Gozzi que, devant partir bientôt pour Saint-Pétersbourg, elle désirait me voir.

Pour satisfaire à ce désir bien légitime, le bon docteur m'accompagna lui-même à Venise, où nous demeurâmes quelques jours. L'instant fatal de nous séparer arriva bientôt; ma mère m'embrassa en versant des torrents de larmes et me remit quelques sequins, ainsi qu'un paquet pour Bettine.

De retour à Padoue, mon bon maître ne fit, pendant trois ou quatre mois, que parler de ma mère tous les jours et à tout propos; et Bettine, ayant trouvé dans le paquet qui lui était destiné cinq aunes de lustrine noire et douze paires de gants, s'affectionna singulièrement à moi, et prit un soin particulier de ma personne.

Elle venait me peigner tous les jours et souvent avant que je fusse levé. Elle me lavait le visage, le cou et la poitrine ; me faisait des caresses enfantines qui me fâchaient contre moi-même, parce qu'elles m'altéraient.

Plus jeune qu'elle de trois ans, il me semblait qu'elle ne pouvait m'aimer avec malice, et cela me mettait de mauvaise humeur. Quand, assise sur mon lit, elle me disait que j'engraissais, et qu'elle s'en assurait par ses mains, elle me causait la plus vive émotion, mais je la laissais faire de peur qu'elle ne s'aperçût de ma sensibilité.

Quand j'étais habillé elle me donnait les plus doux baisers, m'appelant son cher enfant; mais quelque désir que j'eusse de suivre son exemple je n'en avais pas encore la hardiesse. Plus tard cependant, Bettine tournant ma timidité en ridicule, je m'aguerris, et je les lui rendis mieux appliqués que les siens.

Au commencement de l'automne, le docteur reçût trois nouveaux pensionnaires, et l'un d'eux, âgé de quinze ans, nommé Cordiani, me parut être, en moins d'un mois, fort bien avec Bettine.

Un matin, cette dernière vint à mon lit, m'apportant une paire de bas blancs qu'elle m'avait tricotés. Après m'avoir coiffé, elle me dit qu'elle voulait me les essayer elle-même. Pendant ce temps le docteur était allé dire sa messe.

Étant en train de me chausser les bas, elle me dit que j'avais les cuisses malpropres, et sans m'en demander la permission elle se met en devoir de me les laver. Je la laissai faire ne prévoyant pas ce qui devait en résulter. Bettine, assise sur mon lit, poussa trop loin le zèle de propreté, et sa curiosité me causa une volupté si vive qu'elle ne cessa que quand elle ne put être poussée plus loin.

Redevenu calme, je m'avisai de lui demander pardon de la faute que j'avais commise; mais elle passa ses bras autour de mon cou en m'embrassant sur les lèvres; puis elle s'enfuit, me laissant en proie aux plus tristes réflexions.

Il me semblait que je l'avais deshonorée et que j'avais violé les lois sacrées de l'hospitalité. Bettine cessa pendant quelques jours de venir à mon lit; la retenue de cette fille me parut raisonnable et ma tristesse aurait bientôt pris le caractère d'un amour parfait, si sa conduite à l'égard de Cordiani n'eût versé dans mon âme le poison de la jalousie. Je lui écrivis une lettre dans laquelle je lui dépeignis les tourments que j'endurais. Une demi-heure après avoir reçu ma lettre, elle me répondit de vive voix que le lendemain matin elle reviendrait dans ma chambre comme avant notre scène. Mais je l'attendis en vain. J'en fus outré, mais quel fut mon étonnement lorsqu'à table elle me demanda si je voulais qu'elle m'habillât en fille pour aller au bal d'un de nos voisins. J'y consentis avec le plus grand plaisir, et il fut convenu secrètement entre nous que je laisserais la porte de ma chambre entr'ouverte pour qu'elle pût venir me trouver au lit dès que tout le monde serait couché. Hélas! je me souviendrai longtemps de cette nuit funeste que je passai dans la plus vive anxiété. Enfin, n'y tenant plus, je me lève et je me dirige vers la chambre de Bettine. Sûr qu'elle va paraître, je m'approche de la porte : elle s'ouvre, mais au lieu d'en voir sortir Bettine, je vois Cordiani qui me lance un si fort coup de pied dans le ventre que je vais rouler dans le corridor; je me relève furieux et je me rue contre la porte qui venait de se refermer; mais je ne réussis qu'à faire aboyer le chien par le vacarme que je faisais. Alors je regagne précipitamment ma chambre et je me couche, car j'étais pire qu'un mort. Trompé, humilié, maltraité, devenu un objet de mépris pour Cordiani, heureux et triomphant, je passai trois jours à ruminer les plus noirs projets de vengeance. J'étais dans cette situation lorsque la mère de Bettine vint me prier de descendre, en m'informant que sa fille se mourait ; je me lève à la hâte et je descends.

Bettine était, suivant l'avis du docteur Olivo, appelé auprès d'elle, en proie à des convulsions causées par une affection hystérique. Il ordonna le repos et les bains froids.

Quant à moi, qui savais que la maladie de cette fille provenait de ses travaux nocturnes avec Cordiani, je faillis rire au nez du savant docteur.

Cependant je résolus de remettre à plus tard l'exécution de mes projets de vengeance. Devant, pour rentrer dans ma chambre, passer par le cabinet de Bettine et voyant ses poches sur son lit, l'idée me vint d'y mettre la main. J'y trouvai un billet de Cordiani, je l'emportai pour le lire à mon aise. Voici ce qu'il contenait : « Puisque votre père est parti, il est inutile que vous laissiez votre porte ouverte comme les autres fois. En sortant de table j'irai me mettre dans votre cabinet, vous m'y trouverez. »

Après un instant de stupeur, l'envie de rire me prit et je me crus guéri sur le coup de mon amour pour Bettine ; celle-ci resta plusieurs jours au lit, en proie à des attaques fréquentes que rien ne pouvait calmer. Mais je n'étais point dupe de cette comédie et je savais parfaitement qu'elle se rendait souvent chez son amant. Un jour en rentrant dans ma chambre je pris mon bonnet de nuit et j'y trouvai le billet suivant : « Ou vous viendrez au bal avec moi déguisé en fille, ou je vous ferai voir un spectacle qui vous fera pleurer. »

Je lui répondis en lui renvoyant le billet que lui avait écrit Cordiani, et que j'avais eu soin de conserver.

CHAPITRE III

Bettine crue folle. — Le père Mancia. Mon départ de Padoue.

Le billet de Cordiani n'était pas équivoque, il montrait jusqu'à l'évidence qu'elle le recevait toutes les nuits, et par là la fable qu'elle avait préparée pour m'en imposer devenait inutile. Cependant, je voulus la tranquilliser et j'allai le matin la trouver dans son lit.

L'esprit de cette fille m'avait forcé à l'estimer; je ne voyais en elle qu'une créature séduite par son tempérament. Je n'avais plus qu'un désir, c'était de découvrir si les deux Feltrini, nos compagnons, avaient aussi part à ses faveurs. Bettine fut gaie toute la journée, puis, vers le soir, une indisposition subite l'obligea de se mettre au lit.

Le lendemain, la famille désolée crut que le diable s'était emparé de sa raison. Alors on se détermina à la mettre entre les mains du père Mancia.

Ce père Mancia était un fameux exorciste jacobin, qui avait la réputation de n'avoir jamais manqué aucune fille ensorcelée.

Or, un dimanche que Bettine avait bien dîné et avait été folle toute la journée, on avait été chercher en toute hâte le père révérend. Celui-ci, qui était dans toute la force de l'âge, commença en arrivant à nous asperger tous d'eau bénite, puis il nous mit à la porte de la chambre de Bettine. Pendant trois longues heures nous n'entendîmes rien. Le révérend père conjurait le démon, avec toute la force dont il était capable.

Enfin, vers midi, le moine appela et nous entrâmes. Bettine était sur son lit, un peu triste, mais bien tranquille, pendant que l'exorciste pliait bagage.

Le lendemain, le médecin Olivo lui trouva

la fièvre, qui ne fit qu'augmenter jusqu'au quatrième jour où la petite vérole se déclara. Cordiani et les deux Feltrini, qui n'avaient pas encore eu cette maladie, furent éloignés ; mais comme je n'étais pas dans le même cas, je restai seul.

La pauvre fille fut tellement couverte de cette peste, que le sixième jour elle était devenue hideuse.

Sa mère ne s'éloignait jamais de son lit et l'on me trouva admirable lorsqu'on me vit porter autour du même lit ma table et mes cahiers.

Ce ne fut que le treizième jour que la fièvre cessa ; elle commença à éprouver de l'agitation à cause d'une démangeaison insoutenable, et qu'aucun remède n'aurait pu calmer aussi bien que ces puissantes paroles que je lui répétais à chaque instant : « Bettine, souvenez-vous que vous allez guérir, mais si vous osez vous gratter, vous resterez si laide que personne ne vous aimera plus. » Au bout de quelques jours Bettine fut complètement guérie ; c'est alors qu'elle reconnut que je méritais exclusivement sa tendresse. Aussi m'aima-t-elle par la suite sans aucune fiction et je l'aimai aussi bien tendrement.

Ce fut environ deux ans après cette affreuse maladie qu'elle épousa le cordonnier Pigorzo, qui la rendit pauvre et malheureuse au point que le docteur, son frère, fut obligé de la recevoir auprès de lui. Quinze ans après, élu archiprêtre à Saint-Georges-de-la-Vallée, le bon docteur l'emmena avec lui. Étant allé le voir il y a dix-huit ans, j'y trouvais Bettine vieille, malade et mourante. Elle expira sous mes yeux en 1776, vingt-quatre heures après mon arrivée chez elle.

Ce fut vers ce temps-là que ma mère revint de Saint-Pétersbourg ; elle resta quelques jours à Venise et partit pour Dresde où elle avait été engagée à vie au service d'Auguste III, roi de Pologne. Après ce temps, je passai encore un an à Padoue, occupé à étudier le droit, et je fus reçu docteur à l'âge de seize ans. Ma vie d'étudiant fut celle de tous mes camarades ; je passai les nuits à courir les tripots et les mauvais lieux et je ne sus point me défendre de cette espèce de gloriole qui naît d'un courage dépendant du mépris de la vie. Je me laissai aller à des dépenses que je ne pouvais pas soutenir; je vendis ou engageai tout ce que je possédais, et je fis des dettes que je ne pouvais point payer. J'écrivis alors à ma bonne mère pour qu'elle m'envoyât des secours; mais au lieu de cela, elle vint elle-même à Padoue, le 1er octobre 1739, et, après avoir remercié le docteur et Bettine des soins qu'ils m'avaient donnés, elle me ramena à Venise.

C'était une fille toute jeune, jolie comme un ange...
(Page 35.)

CHAPITRE IV

Le patriarche de Venise me donne les ordres mineurs. — Mes relations avec le sénateur Malipiero, avec Thérèse Immer et la nièce du curé. — Mon aventure à Paséan avec Lucie.

IL *vient de Padoue où il a fait ses études*, était la formule avec laquelle on m'annonçait partout et qui, à peine prononcée, m'attirait les compliments des pères de famille, les caresses des vieilles femmes et de plusieurs qui, n'étant pas vieilles, voulaient passer pour telles, afin de pouvoir m'embrasser décemment. Quatre mois après mon arrivée à Venise, Mgr Carrer me conféra les quatre ordres mineurs.

Le curé de Saint-Samuel, nommé Josello, après m'avoir installé dans son église, me présenta à M. de Malipiero, sénateur, âgé de 70 ans, dont je devins en peu de temps l'ami et le confident.

M. de Malipiero aimait la bonne chère : il n'avait cessé de faire la cour aux belles qu'après avoir eu vingt maîtresses et qu'après s'être vu forcé de convenir avec lui-même qu'il ne pouvait plus prétendre à plaire à aucune.

Malgré son grand âge, il aimait une jeune fille nommée Thérèse Immer, fort jolie personne, mais douée d'un caractère fantasque et coquette à l'excès. J'étais devenu le témoin de leurs tendres ébats, et ma discrétion fut cause que je pris une part active à leurs innocents passe-temps.

Quelques jours après je fis connaissance d'Angéla, la nièce du curé de Saint-Samuel j'en devins amoureux et cet amour me fut fatal, car il fut cause de deux autres qui, à leur tour, en amenèrent beaucoup d'autres ; Angéla était négative au suprême degré et le feu que j'éprouvais pour elle me desséchait. Les discours pathétiques que je lui tenais faisaient plus d'effet sur ses deux jeunes sœurs que sur elle-même, et si mes regards n'avaient pas été entièrement occupés de cette cruelle, je me serais aperçu sans doute que ses compagnes la surpassaient en beauté et en sentiment. Dans cette situation d'esprit, je reçus, au commencement de l'automne, une lettre de la comtesse de Mont-Real, qui m'invitait à passer quelques jours dans une terre qui lui appartenait, nommée Paséan. Je me rendis à son invitation. J'eus une jolie chambre située au rez-de chaussée, donnant sur les jardins. Le matin après mon arrivée et encore à peine éveillé, mes yeux furent ravis à l'aspect de l'objet charmant qui vint m'apporter mon café. C'était une fille toute jeune, jolie comme un ange et formée comme une personne de dix-sept ans.

— Avez-vous été content de votre lit ? me dit-elle.

— Très content ; je suis sûr que c'est vous qui l'aviez fait. Qui êtes-vous ?

— Je suis Lucie, fille du concierge ; je n'ai ni frères, ni sœurs et j'ai quatorze ans.

Puis elle s'assit au pied de mon lit, ne justifiant la liberté qu'elle prenait que par un rire qui disait tout.

Notre premier entretien fut de courte durée ; mais les jours suivants elle m'apportait mon café et souvent, ses joues se trouvant à deux doigts de ma bouche, j'avais le désir de les couvrir de baisers. Mon sang s'enflammait quand je l'entendais dire qu'elle aurait voulu être ma sœur.

Un jour Lucie, rayonnante et radieuse, le sourire du bonheur sur sa jolie bouche et sa belle chevelure dans le plus ravissant désordre, se précipita vers mon lit les bras ouverts ; cette fois je n'y tins plus et je serrai, pour la première fois, cette fille céleste dans mes bras, en lui disant : « Oui, ma chère Lucie, tu peux porter, au mal qui me dévore, le plus grand adoucissement ; abandonne à mes ardents baisers ta bouche divine qui m'assure que tu m'aimes. »

Nous passâmes ainsi une heure dans un silence délicieux, interrompu par ces mots de Lucie : « Oh ! mon Dieu, est-il vrai que je ne rêve pas ? » Cette chère enfant se livrait à moi sans résistance, avec tous les transports de la plus ardente volupté.

Je restai à Paséan tout le mois de septembre ; mon ardeur, loin de diminuer, s'accrut de jour en jour. Mon retour à Venise mit fin à nos doux ébats ; d'ailleurs, j'avais reçu de trop bonnes leçons de Bettine pour que je ne susse pas à quoi m'en tenir sur ma force de caractère.

Je revis Angéla avec le plaisir le plus vif, espérant parvenir en peu de temps au point où j'en étais avec Lucie. Une crainte, que je trouve aujourd'hui puérile et contre nature, m'empêchait de jouir à mon aise. Elle avait pour amies les filles d'une sœur de Mme Orio, chez laquelle Angéla allait souvent. Les deux sœurs, qui apprenaient à broder au tambour avec Angéla, étaient ses amies intimes et les confidentes de tous ses secrets. Ces jeunes filles couchaient ensemble au troisième, dans un large lit, où Angéla était en tiers les jours de fête. Je me fis présenter chez Mme Orio par mon protecteur naturel, M. de Malipiero. Je fus bien accueilli par la bonne dame, qui aspirait aux grâces de la confraternité du Saint-Sacrement, dont M. de Malipiero était le président.

Je fus assez adroit pour obtenir d'Angéla un rendez-vous dans la chambre où couchaient ses deux amies, Nanette et Marton.

CHAPITRE V

Nuit facheuse. — Je deviens amoureux de Nanette et de Marton et j'oublie Angéla. — Lucie malheureuse.

Ma première entrevue avec Angéla n'offre rien qui mérite d'être raconté. Je passai auprès d'elle deux heures à lui parler de mon amour. Je la quittai au bout de ce temps, après lui avoir promis de revenir le lendemain. Hélas! l'infidèle ne revint pas, et je demeurai seul dans la chambre avec Marton et Nanette, ses amies. Nous causâmes longtemps, puis j'engageai les deux jeunes filles à se mettre au lit, ce qu'elles firent après avoir fait quelques difficultés.

Il fut convenu que je me coucherais aussi, mais tout habillé; comme je ne pouvais dormir, Nanette consentit à ce que je quittasse mes vêtements, ce que je fis avec le plus grand empressement.

Puis, cessant de parler, je fis semblant de dormir.

Je restai tranquille jusqu'à ce que je fusse le maître de les croire endormies, ou, si elles ne l'étaient pas, il ne tenait qu'à elles de faire semblant de dormir. Elles m'avaient tourné le dos. et la lumière était éteinte; j'agis donc au hasard et j'adressai mes premiers hommages à celle qui était à ma droite, ignorant si c'était Nanette ou Marton. Je la trouvai accroupie et enveloppée dans le seul vêtement qu'elle eût conservé. Ne brusquant rien et ménageant sa pudeur, je la mis par degré dans le cas de s'avouer vaincue et persuadée que le meilleur parti qu'elle eût à prendre, c'était à faire semblant de dormir et à me laisser faire. Bientôt la nature, agissant en elle de concert avec moi, j'atteignis au but.

Mes efforts, couronnés d'un plein succès, ne me laissèrent aucun doute sur l'obtention des prémices auxquels nous ajoutons tant de prix. Ravi d'avoir savouré une jouissance que je venais de goûter complètement pour la première fois, je quitte doucement ma belle, pour aller porter à l'autre un nouveau tribut de mon ardeur. Je la trouvai immobile, couchée sur le dos, dans l'état d'une personne qui dort d'un sommeil profond.

Ménageant les approches, comme si j'avais craint de l'éveiller, je commençai par flatter ses sens, m'assurant qu'elle était aussi novice que sa sœur; et, dès qu'un mouvement naturel m'eut fait sentir que l'amour agréait mon offrande, je me mis en devoir de consommer le sacrifice. Alors, cédant tout à coup à la vivacité du sentiment qui l'agitait, et comme fatiguée du rôle simulé qu'elle avait adopté, elle me serra étroitement dans ses bras à l'instant de la crise; elle me couvrit de baisers, me rendant transports pour transports, et bientôt l'amour confondit nos âmes dans une égale volupté.

A ces signes je crus reconnaître Nanette et je le lui dis.

— Oui, c'est moi, dit-elle, et je me déclare heureuse ainsi que ma sœur, si vous êtes honnête et constant.

— Jusqu'à la mort, mes anges; et, comme

tout ce que nous avons fait est l'œuvre de l'amour, ne parlons plus d'Angéla.

Je priai Nanette de se lever pour allumer les bougies; mais Marton, pleine de complaisance, se leva à l'instant, nous laissant ensemble. Quand je vis Nanette entre mes bras, animée du feu de l'amour et Marton près de nous, une bougie à la main, semblant par ses regards nous accuser d'ingratitude, elle qui, la première, s'était rendue à mes caresses, encourageant ainsi sa sœur à l'imiter, je sentis tout mon bonheur.

— Levons-nous, mes amies, leur dis-je, et jurons-nous une amitié éternelle.

A peine levés, nous fîmes ensemble des ablutions qui firent rire mes belles et qui renouvelèrent nos ardeurs; ensuite dans le costume de l'âge d'or, nous nous mîmes à souper. Après nous être dit cent choses, que, dans l'ivresse des sens, il n'est permis qu'à l'amour d'interpréter, nous nous recouchâmes, et la plus délicieuse des nuits se passa dans les témoignages réciproques de notre ardeur. Ce fut Nanette qui reçut la dernière des preuves de ma tendresse, car Mme Orio étant sortie pour aller à la messe, je fus obligé de hâter mon départ en les assurant qu'elles avaient éteint dans mon cœur tous mes sentiments pour Angéla. Arrivé chez moi, je me couchai et dormis du sommeil le plus doux jusqu'à deux heures de l'après-midi.

Les deux sœurs ne purent cacher à Angéla ce qui s'était passé ; celle-ci en conçut un violent ressentiment et elle se fût vengée de ses amies si elle n'avait été obligée de suivre son père à Vicence.

Quelques jours après, je retournai à Paséan. Là, j'appris que Lucie s'était fait enlever par un coureur de M. le comte Daniel. On ignorait ce qu'elle était devenue. J'éprouvai un vif chagrin mêlé au regret de n'avoir pas su comprendre l'amour de cette jeune fille. Je fis la connaissance de sa sœur, âgée de dix-neuf ans et qui venait de se marier. Elle était fort jolie, mais dévote à l'excès ; quant à son mari, c'était l'homme le plus insouciant du monde ; ses grands yeux hébétés semblaient demander à ses voisins de le faire cocu.

En peu de temps, j'avais réussi à plaire à sa

femme; une circonstance heureuse vint favoriser mes projets.

Le jour de l'Ascension, je me joignis à quelques amis de son mari pour faire une visite à M. Berguli, célèbre dans le Parnasse italien.

Devant retourner à Paséan le soir même, nous louâmes deux voitures. Dans l'une se placèrent quatre personnes; par le fait du hasard, il ne restait plus qu'une calèche à deux roues, dans laquelle je montai en compagnie de la joyeuse fermière. Notre postillon, voulant aller par le chemin le plus court, s'engagea dans le bois de Cequini.

Le ciel s'étant couvert de nuages, la pluie commença à tomber; puis, tout à coup, le tonnerre fit entendre sa grande voix.

Les éclairs se succèdent sans interruption. Ma pauvre compagne, affolée de terreur, se jette sur moi et me serre étroitement. Je me baisse pour relever le manteau qui était tombé et, profitant de la circonstance, je la découvre. Elle fait un mouvement pour rabaisser sa robe, mais au même instant un coup de tonnerre éclate et lui ôte la force de se mouvoir. En cherchant à la couvrir de mon manteau, elle tombe sur moi dans la position la plus heureuse. Je ne perds pas de temps et je me prépare à l'assaut.

De son côté, sentant que, si elle ne m'empêchait pas bien vite, il ne lui resterait aucun moyen de me résister, elle fait un effort; mais je lui dis aussitôt que, si elle ne fait pas semblant d'être évanouie, le postillon verrait tout en se retournant; et, lui laissant le plaisir de m'appeler impie, je remportai la victoire la plus complète dont un athlète ait jamais pu s'enorgueillir.

Alors, lui rendant la liberté et usant à son égard de certaines complaisances, je la priai d'en avoir également pour moi, ce qu'elle fit en m'embrassant sur les lèvres. Ce fut en nous prodiguant les plus douces caresses que nous arrivâmes à Paséan. En descendant de voiture, je remis un écu au postillon.

Je vis qu'il riait.

— De quoi ris tu? lui dis-je.

— Vous le savez bien.

— Tiens, voilà un ducat, et surtout sois discret.

CHAPITRE VI

L'esclave grecque. — La servante du moine récollet.

Le lendemain de cette aventure, je dus retourner en toute hâte à Venise auprès de ma bonne grand'mère qui se mourait. Hélas! j'arrivai trop tard, et je versai d'abondantes larmes au chevet de celle que je regrette encore.

Sur les conseils de l'abbé Grimaldi, je vendis tout ce que je possédais, et je m'embarquai à Ancône pour, de là, me rendre à Rome, où je devais trouver l'évêque. J'arrivai à Chiozza vers midi, ayant pour compagnon un jeune moine récollet, qui se faisait appeler frère Stéphano de Belini et que le patron de la tartane avait embarqué par charité. Il fut convenu que je coucherais dans la tartane et que je prendrais mes repas avec maître Alboni, batelier.

J'employai la première journée de mon séjour à Chiozza à courir les tripots, où je perdis tout l'argent que je possédais.

Pour comble de malheur, je m'aperçus, chemin faisant, qu'une belle fille grecque, qui m'avait prodigué les plus chaudes caresses, m'avait gratifié d'un petit souvenir, dont je me serais bien passé. Je me couchai abasourdi dans la tartane, et je m'endormis bientôt, privé de sentiment.

En me réveillant, je m'aperçus que le frère Stéphano me considérait d'un air de pitié. Comme je poussais un profond soupir, il s'approcha de moi en me demandant si j'étais malade.

— Mon père, j'ai du chagrin.

— Vous le dissiperez en venant dîner avec moi; dans deux heures nous serons arrivés à Orsara, je ne veux pas que vous logiez ailleurs que chez moi. Je remerciai affectueusement mon compagnon de ses bonnes paroles.

Le vent s'était levé, la tartane ne tarda pas à jeter l'ancre vis-à-vis d'Orsara, petit port

... nous nous recouchâmes, et la plus délicieuse des nuits se passa dans les témoignages réciproques de notre ardeur.
(Page 42.)

d'Istrie. Il était tard lorsque nous arrivâmes chez le moine récollet; aussitôt nous nous mîmes à table; je fis le plus grand honneur au souper préparé par sa gouvernante, et son refasco délicieux me fit oublier mes malheurs.

J'allai ensuite me coucher; après dix heures d'un profond sommeil, la gouvernante, qui épiait l'instant de mon réveil, m'apporta du café. Je trouvai cette fille charmante : mais hélas! je n'étais pas en état de lui prouver combien je la trouvais belle!

Je passai assez agréablement la journée chez mon hôte, qui me lut des vers de sa composition et que je trouvais naturellement parfaits; mais le temps me parut un peu long, à cause des regards bienveillants de sa ménagère.

Je désirais vivement regagner ma chambre et mon lit. Enfin le moment arriva. Je trouvai cette aimable fille complaisante jusqu'à un certain point; mais ayant fait quelque résistance quand je semblais vouloir accorder à ses charmes un hommage complet, je quittai décemment l'entreprise et je me couchai tranquille.

Cependant je n'étais pas au bout; car le

matin, étant venue m'apporter mon café, et son air agaçant m'ayant obligé à lui faire quelques caresses, elle ne résistait, me dit-elle, que dans la crainte d'être surprise. La journée se passa au mieux entre le prêtre et moi, et le soir la belle ne craignant plus les surprises, et moi ayant pris toutes les précautions possibles en pareille circonstance, deux heures entières furent délicieusement employées. Je regagnai le lendemain ma tartane, et trois jours après nous étions devant Ancône. Nous descendîmes au vieux lazaret, où on nous annonça que nous subirions une quarantaine de vingt-huit jours. Je profitai de ce laps de temps pour me reposer de mes fatigues. Puis je fis marché avec un voiturier qui devait me conduire à Rome en huit jours. Après avoir couché dans de misérables auberges et supporté toutes les privations, j'arrivai dans l'antique capitale du monde n'ayant que sept paoli dans la poche. Je me dirigeai tout droit vers Monte-Magnanopoli, où, selon l'adresse qu'on m'avait donnée, je devais trouver mon évêque. On me dit qu'il était reparti depuis dix jours, mais qu'il avait donné l'ordre de m'envoyer à Naples, défrayé de tout, à l'adresse qu'on me remit.

Une voiture partait le lendemain; j'y pris place. Je voyageai avec trois manants auxquels je n'adressai pas la parole une seule fois. Le 6 septembre, j'arrivai à Naples. A peine descendu de voiture, je me rendis chez l'évêque. On me dit qu'il était parti pour Martorano. Je louai une petite voiture en compagnie de deux prêtres, et nous atteignîmes en trois jours le but de notre voyage.

Je trouvai l'évêque Bernard de Bernardès dans la plus grande misère. Comme je lui manifestai mon étonnement, il me dit que son évêché ne lui rapportait que cinq cents ducats et que, par surcroît de malheur, il s'était endetté de six cents. Je ne restai que quelques jours auprès de lui, ne voulant pas lui être à charge. Il me donna cinquante ducats et je partis pour Naples, où j'arrivai le 16 septembre 1743. J'avais une lettre pour M. Germaro Polo, à Sainte-Anne. Je m'y rendis et il me reçut très cordialement. Après les façons d'usage, ayant fait porter ma malle chez lui, je m'y installai.

CHAPITRE VII

Court séjour à Naples. — Mon départ pour Rome. — Lucrézia et sa sœur Angélique. — Mon aventure de Tivoli.

Je ne restai que quelques jours à Naples, pendant lesquels je mis à profit les excellentes recommandations de l'évêque de Martorano. — Le docteur Germaro me remit une lettre pour le cardinal Aquaviva, chez lequel je devais entrer en service. Je partis pour Rome bien nippé, ayant des bijoux et quelques ducats en poche, provenant des libéralités du fils du docteur, auquel j'avais rendu quelques services. En route je fis connaissance de dona Lucrézia. Son mari, avocat distingué, me fit mille amitiés et m'engagea à aller le voir. A mon arrivée à Rome, je fus installé en qualité de secrétaire chez le cardinal et, le lendemain, je fis ma première visite à dona Lucrézia. Je n'oublierai jamais cette première rencontre. Lucrézia était belle à faire damner les anges, et je lui exprimai mon amour autant avec les yeux qu'avec le cœur.

Une circonstance imprévue me rendit bientôt le plus heureux des mortels. Je proposai une excursion dans les environs de Rome. Ma proposition fut acceptée. Le lendemain, à sept heures, j'étais chez dona Cécilia, la sœur de Lucrézia, qui désirait être aussi de la partie. Un phaéton était à la porte ainsi qu'une voiture à deux places. Le mari de Lucrézia ainsi que sa mère prirent place dans une voiture, pendant que nous nous installions confortablement dans une autre en compagnie de l'avocat qui fut d'une gaieté étourdissante pendant tout le trajet qui nous séparait de la villa Ludovisi, où nous devions souper.

Nous arrivâmes en quelques heures et, dès notre arrivée, nous nous mîmes à table. Les mets succulents et le vin de Chypre mirent tout le monde en belle humeur. A la fin du dessert, quand la conversation s'animait davantage, je me levai discrètement et, suivi de Lucrézia, nous nous enfonçâmes dans les labyrinthes de la villa Aldobrandini.

Que ces lieux m'ont laissé de doux souvenirs! Il me semblait que je voyais ma divine Lucrézia pour la première fois. Nos regards étaient brûlants, nos cœurs palpitaient à l'unisson de la plus tendre impatience et l'instinct nous guidait vers l'asile le plus solitaire créé par la main de l'amour pour y consommer les mystères de son culte.

Au milieu d'une longue allée et dans une touffe de verdure, s'élevait un large siège de gazon, adossé à un fourré très épais; nos yeux s'égaraient sur une plaine immense, ainsi que sur l'allée à droite et à gauche, dans une étendue qui nous mettait à l'abri de toute surprise. Nous n'eûmes pas besoin de nous parler, nos cœurs s'entendirent. Ma main écarta lestement le léger obstacle qui s'opposait à mon bonheur! Ma bouche se collait avec ivresse sur ce beau corps aux formes si pures.

Deux heures entières se passèrent dans les plus doux transports. A la fin, charmés et satisfaits l'un de l'autre, nous regardant de l'air le plus tendre, nous nous écriâmes ensemble : « Amour, je te remercie ! » Nous nous acheminâmes à pas lents vers nos voitures, et nous égayâmes le chemin par les plus tendres confidences. Ma Lucrézia me dit qu'un jeune homme riche devait épouser une de ses sœurs, nommée Angélique. Il avait une belle maison à Tivoli, où il nous inviterait à faire une partie et à passer la nuit.

Nous fûmes deux heures en route; j'excédai la nature en lui demandant plus qu'elle ne pouvait donner. En arrivant à Rome, je fus obligé de baisser la toile avant le dénouement. Je rentrai chez moi harassé de fatigue, mais un sommeil comme on en a à cet âge me rendit toute ma vigueur.

Quelques jours après, nous fîmes une seconde excursion à Tivoli. L'avocat don Francesco, Angélique et son futur, Lucrézia et moi, nous visitâmes ce beau lieu dans tous ses détails.

Nous rentrâmes vers le soir très fatigués et mourant de faim. Les mets exquis, les vins généreux et surtout l'excellent vin de Tivoli, nous remirent si bien, que chacun de nous n'éprouvait plus que le besoin d'un bon lit pour en jouir le plus tôt possible. Personne ne voulant coucher seul, Lucrézia dit qu'elle coucherait avec Angélique dans une chambre donnant sur une orangerie, et que son mari coucherait avec le prétendu de cette dernière. Quant à moi, je devais coucher seul. L'arrangement fut trouvé délicieux et don Francesco, prenant une bougie, vint me conduire dans une petite chambre contiguë à celle que devaient occuper les deux sœurs. Lorsque je jugeai que tout le monde fut endormi, j'ouvris doucement la porte et je tombai dans les bras de Lucrézia, qui dit à sa sœur : « C'est mon ange! tais-toi. »

Quel tableau ravissant j'offrirais ici à mes lecteurs s'il m'était possible de peindre la volupté dans tout ce qu'elle a d'enchanteur! Quels transports amoureux dès le premier instant! Quelles douces extases se succédèrent jusqu'à ce qu'un délicieux épuisement nous fit céder au pouvoir de Morphée!

Les premiers rayons du jour, pénétrant à

travers les fentes des jalousies, vinrent nous arracher à ce sommeil réparateur; nous nous livrâmes de nouveau à toute l'activité de la flamme dont nos sens étaient embrasés.

—O ma Lucrézia, que ton amant est heureux! Mais, tendre amie, prends garde à ta sœur, elle pourrait se tourner et nous voir.

— Ne crains rien, âme de ma vie, ma sœur est charmante, elle m'aime, elle me plaint; n'est-ce pas, chère Angélique, que tu m'aimes! Oh! tourne-toi, vois ta sœur heureuse, connais le bonheur qui t'attend quand l'amour t'aura soumise à son doux empire.

Angélique, jeune vierge de dix-sept ans et qui devait avoir passé une nuit de Tantale, se tourna vers sa sœur et lui donna cent baisers en lui avouant qu'elle n'avait pas fermé l'œil.

— Pardonne aussi, ma tendre Angélique, pardonne à l'objet qui m'aime et que j'adore, lui dit alors Lucrézia.

Pouvoir incompréhensible du dieu qui soumet tous les êtres!

— Angélique me hait, dis-je, je n'ose...

— Non, je ne vous hais pas, me dit cette charmante fille.

— Embrasse-la, mon ami, me dit Lucrézia, en me poussant vers elle et jouissant de la voir entre mes bras, faible et languissante. Mais le sentiment, plus encore que l'amour, me défend de ravir à Lucrézia le témoignage de reconnaissance que je lui devais, et je vole vers elle avec toute l'ardeur d'un premier mouvement, sentant mes feux s'accroître par l'extase dans laquelle je voyais Angélique, qui pour la première fois, fut spectatrice de la lutte la plus amoureuse. Lucrézia mourante, me pria d'en finir, mais me trouvant inexorable, elle trompa mon ardeur, et la douce Angélique fit le premier sacrifice à la mère des amours.

Lucrézia étonnée et ravie, nous couvrait tour à tour de ses baisers. Angélique, heureuse autant que sa sœur, expira délicieusement entre mes bras pour la troisième fois, et avec tant de feu et de tendresse que je crus savourer le bonheur pour la première fois. La clarté du jour me fit sentir que je devais abandonner la place, et après les plus tendres adieux, je laissai mes deux divinités et je me retirai dans mon cabinet.

Après le déjeuner, qui fut silencieux, nous allâmes nous promener dans le jardin et, me trouvant avec Lucrézia, je lui fis les plus tendres reproches.

L'heure du départ vint à sonner et nous retournâmes à Rome. A mon arrivée, me sentant fatigué, je descendis à l'hôtel d'Espagne.

Quelques jours après cette aventure, je reçus l'ordre immédiat de me rendre auprès du cardinal d'Aquaviva.

Il m'accueillit d'abord avec bonté, puis il m'encouragea d'une manière pressante à lui dire en quel lieu de l'Europe je voulais aller, et le désespoir autant que le dépit me fit prononcer Constantinople.

C'était une disgrâce, mon aventure avait fait des jaloux.

Le surlendemain, le cardinal me donna un passeport pour Venise et une lettre cachetée adressée à Osman Bonneval, pacha de Caramanie, à Constantinople.

Le chevalier de Lezze me donna également une lettre pour un riche Turc, fort aimable, qui avait été son ami.

Lorsque j'allai prendre les derniers ordres du cardinal d'Aquaviva, il me remit une bourse contenant cent onces ou quadruples d'or, équivalant à sept cents sequins, puis je partis sur-le-champ pour Ancône.

CHAPITRE VIII

Céline. — Marine. — Bellino. — Histoire de Thérèse

J'ARRIVAI à Ancône, le 25 février 1744, et j'allai logé à la meilleure auberge. La chambre voisine de la mienne était occupée par la première actrice, à laquelle je me fis présenter par le chevalier don Sancio Pico, homme de bonne compagnie, avec lequel j'avais déjeuné.

En entrant, je vis, assis près d'une table, une femme d'un certain âge avec deux jeunes filles et deux garçons, mais je cherchai vainement l'actrice.

Alors don Sancio Pico me présenta l'un des deux garçons, d'une beauté ravissante et qui pouvait tout au plus avoir dix-sept ans. Je pensai que c'était un *castrato*, qui, comme à Rome, sans doute, faisait toutes les fonctions d'une première actrice. La mère me présenta son autre fils, très joli aussi, mais plus mâle que le *castrato*, quoique plus jeune, et qui se nommait Pétronni. Celui-ci, continuant la série des transformations, représentait la première danseuse. L'aînée des deux filles, que la mère me présenta également, s'appelait Céline et apprenait la musique; elle avait douze ans; sa cadette, appelée Marine, n'en avait que onze et comme son frère elle était vouée au culte de Terpsichore; toutes deux étaient fort jolies.

Bellino, c'était le nom du *castrato*, chanta d'une voix d'ange et avec des grâces enchanteresses. Ses yeux noirs et pleins de feu semblaient lancer des étincelles dont je me sentais embrasé. Tout en lui me décelait une belle femme, car son habit d'homme ne masquait qu'imparfaitement la plus belle gorge.

Je me figurais que le prétendu Bellino n'était qu'une beauté travestie et j'allai me coucher plein de l'impression qu'il avait produit sur moi.

Quelle fut ma surprise lorsque le matin, Bellino entra dans ma chambre ! Il venait m'offrir son jeune frère pour me servir de domestique pendant mon séjour.

Je fis asseoir Bellino sur mon lit, dans l'intention de lui conter fleurette comme à une fille, lorsque Céline et Marine entrèrent dans ma chambre.

Assis au milieu d'elles, auprès d'un bon feu, je fis servir quelques pâtisseries et du vin de Chypre. Je commençai à distribuer quelques baisers bien innocents. Mais bientôt mes mains avides touchèrent tout ce que mes lèvres ne pouvaient baiser, et Cécile et Marine s'amusaient fort à ce jeu. Bellino souriant, je l'embrasse aussi, et son jabot entr'ouvert semblait défier ma main ; je m'aventure et pénètre sans résistance.

Jamais le ciseau de Praxitèle n'avait taillé une gorge aussi bien prise !

— A ce signe, lui dis-je, je ne doute plus que vous ne soyez une femme accomplie.

— C'est, me répondit-il, le défaut de tous mes pareils.

Comme j'étais en beau chemin, je voulus

aller plus loin et couvrir de baisers brûlants ce que ma main dévorait, mais le faux Bellino, s'apercevant du plaisir illicite que je prenais, se leva et s'enfuit.

A peine Bellino fut-il parti, que Cécile ferma la porte et vint se jeter dans mes bras en m'embrassant. Elle était gentille, charmante; avec elle j'apaisai tous les feux qui me dévoraient, puis je la renvoyai en lui donnant trois doublons qui durent faire plaisir à sa mère, car cette famille était dans la plus grande misère.

Après avoir déjeuné, je fis appeler Bellino pour qu'il vînt me chanter un morceau d'opéra.

Pendant que je l'attendais, voilà Marine qui vient d'un air chagrin me demander comment elle avait pu mériter le mépris que je faisais d'elle : — Cécile a passé la nuit avec vous, vous partez demain avec Bellino; je suis la plus malheureuse.

Puis elle leva sur moi ses beaux yeux étincelants d'un feu céleste. Elle était plus formée que Cécile, et quoique d'un an plus jeune, elle semblait vouloir me convaincre qu'elle valait mieux qu'elle. Je me mis aussitôt en devoir

Assis au milieu d'elles, auprès d'un bon feu, je fis servir quelques pâtisseries. (Page 65.)

d'apprécier les charmes de cette précoce beauté, et je fus forcé de lui avouer qu'elle était bien supérieure à sa sœur. Après un doux sommeil passé dans les bras l'un de l'autre, le réveil fut pour elle une suite de nouveaux triomphes, et je mis le comble à son bonheur en la renvoyant avec trois doublons qu'elle alla remettre à sa mère, ce qui lui donna un désir insatiable de contracter de nouvelles obligations envers la Providence.

Le lendemain, je partis avec Bellino, qui, comme moi, se rendait à Bologne. Pendant le voyage je renouvelai mes tentatives pour m'assurer du sexe de mon charmant compagnon, mais tout se borna à explorer les formes que j'avais déjà entrevues, ce qui ne fit qu'exciter mes désirs.

Arrivés à Sinigaglia, à nuit close, j'allai loger à la meilleure auberge, et après m'être accommodé d'une bonne chambre, je commandai à souper. Comme il n'y avait qu'un lit dans la pièce, je demandai de l'air le plus calme à Bellino s'il voulait se faire allumer du feu dans une autre chambre; mais, qu'on juge de ma surprise, quand il me dit avec douceur qu'il ne ferait aucune difficulté de coucher dans le même lit. Je vis que je touchais au dénouement de l'intrigue, mais je me gardai bien de m'adresser des félicitations, dans l'incertitude où j'étais si elle me serait ou non favorable. Nous nous mîmes à table face à face et durant le souper, ses discours, son air, l'expression de ses beaux yeux, son sourire suave et voluptueux, tout me fit présager qu'il était las de jouer un rôle qui avait dû lui être aussi pénible qu'à moi-même.

Dès que nous eûmes quitté la table, mon aimable compagnon fit apporter une lampe de nuit et, s'étant déshabillé, il se coucha.

Je ne tardai pas à en faire autant.

Lecteur, je vous ai fait pressentir le dénouement le plus heureux; aussi nulle expression ne pourrait vous faire comprendre toute la volupté que cet être charmant me réservait. Sans nous parler, nos baisers se confondirent, et je me trouvai au comble de la jouissance sans avoir eu le temps de la rechercher. Après la victoire la plus complète, qu'auraient gagné mes yeux et mes doigts à des recherches qui ne pouvaient point me procurer plus de certitude que je n'en avais ? Après un instant d'extase, un feu nouveau porta un nouvel incendie dans tous nos sens, et nous l'éteignirent dans une mer de nouvelles délices.

Bellino fut la première à revenir à la vie.

— Mon ami, me dit-elle, es-tu satisfait ? m'as-tu trouvée bien amoureuse ?

— Amoureuse ? traîtresse ! tu conviens donc que je ne me trompais pas lorsque je devinais en toi une femme charmante ? Oh ! dis-moi toujours que tu m'aimes !

— Je suis toute à toi, assure-t'en.

Quel examen ! que de charmes ! que de jouissances ! Mais ne trouvant aucun signe d'une *monstruosité* que j'avais cru découvrir pendant notre voyage, je lui demandai le motif de mon erreur.

— Écoute-moi, me dit-elle, tu vas être satisfait.

Je m'appelle Thérèse.

Mon père, pauvre employé à l'Institut de Bologne, logeait chez lui le célèbre Salimbéri, castrat et musicien délicieux. Ce dernier s'attacha à moi, il m'enseigna la musique ainsi qu'à un jeune Gascon nommé Bellino, que le père avait fait mutiler afin qu'il devienne le soutien de ses frères. Bellino étant venu à mourir à Rimini, dans la même pension où j'étais élevée, Salimbéri eut l'idée de me ramener à Bologne sous le nom de ce dernier et de me mettre en pension chez la mère du défunt, laquelle, étant pauvre, se trouverait intéressée à garder le secret. Ce qui fut dit fut fait, et je pris place au sein de cette pauvre famille, dont je suis le soutien. Jusqu'à présent, je n'ai eu affaire qu'à de vieux prêtres qui se sont contentés d'une légère inspection, Salimbéri m'ayant donné un instrument qui complétait ma métamorphose et que j'ai toujours conservé.

Alors Thérèse se leva et me montra ce qui l'avait aidé à me tromper. Je restai muet et plein d'admiration pour le talent de l'artiste qui avait fabriqué un si précieux joujou. Thérèse reprit ensuite son histoire.

— En continuant, dit-elle, mon métier de *castrat*, je me trouve exposée aux persécutions journalières de deux espèces d'êtres, de ceux qui, comme toi, ne peuvent me croire un homme, et de ceux qui, pour satisfaire des goûts abominables, se félicitent que je le sois, ou trouvent leur compte à me supposer tel. Ces derniers surtout m'obsèdent ! Leurs passions sont si infâmes, leurs habitudes si basses, que je me sens l'âme révoltée au point que je crains d'en poignarder quelques-uns dans l'excès de fureur concentrée que leurs infâmes propos me causent. Par pitié, mon ange, si tu m'aimes, sois généreux, tire-moi de cet état d'opprobre et d'abjection.

— Ma chère Thérèse, lui répondis-je, tout ce que tu m'as dit ne laisse aucun doute sur ton amour ; je pars pour Venise et je t'emmène avec moi.

Après une nuit délicieuse, nous partîmes, en effet, de bon matin ; nous arrivâmes à Bologne vers le milieu de la nuit et nous allâmes loger chez la mère de Bellino.

CHAPITRE IX

Mon voyage à Corfou. — Séjour à Constantinople. — La femme de Youssouf. — Retour à Naples. — Christine. — Javotte.

Je restai peu de jours à Bologne; dégoûté de l'état ecclésiastique, le caprice me porta à me métamorphoser en officier.

J'allai chez le banquier Ors, où je pris une lettre de change de six cents sequins sur Venise. Puis je m'équipai à mes frais. J'écrivis à Thérèse, qui m'avait informé qu'elle avait un engagement pour Naples, qu'elle devait l'accepter et que j'irais la rejoindre à mon retour de Constantinople. Je partis ensuite pour Corfou et, après une traversée heureuse, j'atteignis le but de mon voyage.

Ma première visite fut pour M. Bonneval,

auquel j'étais recommandé tout particulièrement. Il m'accueillit avec la joie la plus vive, me retint à dîner, puis me donna l'excellent conseil de me vêtir en Turc, afin de parcourir tous les quartiers de la ville sans incommodité.

Dans la soirée, il me présenta au pacha Ismaël-Effendi. Ce dernier possédait plusieurs palais, et dans son harem se trouvaient les plus belles esclaves de Constantinople.

Le Turc me donna des preuves non équivoques du plaisir qu'il avait à s'entretenir avec moi ; mais, comme il se permit certaines familiarités qui me blessèrent, il m'en demanda de suite pardon et me fit promettre de venir le voir le lendemain. A l'heure indiquée, je fus exact au rendez-vous. Ismaël me reçut cordialement et nous prîmes place dans un bateau, que deux vigoureux eunuques firent glisser sur le lac transparent. Puis, nous prîmes quelques poissons, que nous allâmes manger dans un kiosque après les avoir fait frire à l'huile. Nous jouissions d'un clair de lune superbe, par une de ces nuits délicieuses dont on ne peut se faire une idée quand on ne les a point vues. Seul à seul avec Ismaël et connaissant ses goûts antinaturels, je ne me trouvais pas dans mon assiette ordinaire; ce tête-à-tête m'empêchait d'être tranquille. Mais voici le dénouement :

— Partons tout doucement, me dit-il, j'entends un certain bruit qui me fait deviner quelque chose qui nous amusera. Il renvoie ses gens; puis, me prenant par la main : — Allons, me dit-il, nous mettre dans un cabinet, dont heureusement j'ai la clé. Ce cabinet a une fenêtre qui donne sur le bassin, où je crois que dans ce moment trois ou quatre de mes demoiselles sont allées se baigner. Nous entrâmes, et la lune, donnant en plein sur les eaux du bassin, nous vîmes trois nymphes qui, tantôt nageant, tantôt debout ou assises sur des degrés de marbre, s'offraient à mes yeux sous tous les points imaginables et dans toutes les attitudes de la grâce et de la volupté.

Lecteur, si la nature vous a donné un cœur ardent et des sens à l'avenant, vous devinez le ravage que ce spectacle unique et ravissant dut faire sur mon pauvre corps. Youssouf et moi, nous quittâmes sans bruit et bien à regret le petit cabinet et nous rentrâmes dans les appartements du harem. Au bout de quelques instants Youssouf sortit, me laissant seul avec sa femme, qui était voilée selon l'habitude des femmes de l'Orient. La femme de Youssouf était née à Scio ; elle portait le costume de l'île. Elle avait une jupe qui n'empêchait de voir ni la perfection de sa jambe, ni la rondeur de ses cuisses, ni la chute voluptueuse et rebondie de ses hanches surmontées d'une taille svelte et bien prise, qu'entourait une magnifique ceinture brodée en argent et couverte d'arabesques. Au-dessus de tout cela, je voyais deux globes qu'Apelle aurait pris pour modèle de ceux de sa belle Vénus, et leur mouvement prononcé, mais inégal, m'annonçait que ce tertre enchanteur était animé.

Transporté et ne me possédant plus, je m'élançai vers cette belle divinité, je baisai sa main avec transport et j'allais devenir le plus heureux des hommes, lorsque Youssouf, soulevant une draperie, se présenta à nos yeux.

Ce dernier parut enchanté des caresses que je prodiguais à sa femme ; il vint à moi et m'embrassa en me remerciant de lui avoir tenu compagnie.

Nous nous séparâmes, une heure après, les meilleurs amis du monde. Je contai cette aventure à M. de Bonneval, qui en rit beaucoup.

Le temps que je passai à Constantinople s'écoula avec rapidité et je quittai cette ville au commencement du mois de septembre pour retourner à Venise.

Dès mon arrivée, je fis connaissance de sept à huit vauriens, avec lesquels je passais les nuits, dans les mauvais lieux, à boire et à jouer. J'avais rapporté près de mille sequins de mon voyage en Turquie; en peu de temps je fus ruiné et obligé d'engager mes effets et de vendre mon brevet cent sequins, avec lesquels je continuai ma vie dépravée.

Une nuit, nous entrâmes dans un grand cabaret, et nous vîmes trois hommes en compagnie d'une jolie femme. Notre chef, noble Vénitien de la famille Balbi, nous dit :

— Ce serait un excellent coup de séparer ces trois marauds de cette jolie femme, qui nécessairement resterait sous notre protection.

Aussitôt nous nous comprîmes.

A la faveur de nos masques, nous nous fîmes passer pour les envoyés du Conseil des Dix et nous leur ordonnâmes de nous suivre. Les pauvres diables, plus morts que vifs, furent conduits à Saint-Georges et mis en liberté pendant que deux de nos compagnons s'emparaient de la jeune femme pour la conduire où notre chef nous avait donné rendez-vous.

Nous nous trouvâmes bientôt tous réunis à l'hôtellerie des Deux-Épées, à Rialte. La jeune femme demanda où était son mari. — Soyez tranquille, vous le reverrez demain matin.

Consolée par cette promesse et soumise comme un mouton, elle s'assit au milieu de nous; nous ôtâmes nos masques, et l'aspect de huit visages jeunes et frais fit passer le contentement dans l'âme de la belle enlevée. Nous la mîmes tout à fait à son aise par la galanterie de nos procédés. Encouragée par le vin et la bonne chère, préparée par nos propos et par nos baisers, elle vit bien ce qui l'attendait et parut s'y résigner de bonne grâce. Notre chef, comme de raison, devait ouvrir la marche, et à force de politesses, il vainquit la répugnance naturelle qu'elle témoignait de consommer le sacrifice en si nombreuse compagnie. Sans doute que l'offrande lui parut douce ; car m'étant offert en sacrificateur courageux pour la seconde offrande, elle me reçut avec une sorte de reconnaissance, et sa joie ne put se dissimuler dès qu'elle vit qu'elle était destinée à faire autant d'heureux que nous étions de convives.

Après ce bel exploit, nous nous remasquâmes et nous allâmes conduire l'heureuse victime à Saint-Job, où elle demeurait.

Cette aventure fit du bruit et aurait eu pour nous de fâcheuses conséquences, si notre chef n'eût été praticien.

Ce fut vers la mi-avril de 1746 que j'entrai au service de M. Bragadin, sénateur, et que je fis la connaissance de Christine, en allant à Mestre. J'étais dans une gondole, où cette jolie villageoise se trouvait avec un vieux prêtre qu'elle appelait son oncle.

Pendant tout le voyage, je fis une cour assidue à la jeune paysanne et nos yeux se comprirent. Nous descendîmes à la même auberge et j'invitai l'oncle et la nièce à souper; ils acceptèrent avec grand plaisir mon offre courtoise. Nous nous mîmes donc à table, le souper fut exquis. Je dus enseigner à Christine à manger des huîtres et des truffes, qu'elle voyait devant elle pour la première fois.

Nous bûmes d'excellent vin de Gatta qui, comme le champagne, égaie, mais ne grise pas.

Nous couchâmes dans une chambre à deux lits; le vieux curé avec sa nièce dans un lit, et moi dans l'autre.

Je ne dormis pas de la nuit; j'eus le bonheur d'entendre le curé partir avant l'aube. Je me tourne du côté de l'autre lit et je n'y vois que Christine qui dormait. Je lui dis bonjour, elle s'éveille, me reconnaît et, s'appuyant sur son coude, elle sourit.

— Mon oncle est parti ; je ne l'ai pas entendu.

— Ma chère amie, tu es belle comme un ange; je meurs d'envie d'aller te donner un baiser.

— Si tu as cette envie, mon cher ami, viens me le donner.

Je saute du lit, la décence la fait reculer, il faisait froid, j'étais amoureux, et me voilà dans ses bras, par un de ces mouvements spontanés que le sentiment seul amène ; nous sommes l'un à l'autre, sans avoir pensé à nous livrer, elle, radieuse et un peu confuse, moi, joyeux et pourtant étonné d'une victoire que j'avais obtenue sans combat. Pendant plusieurs nuits de suite nous renouvelâmes nos tendres ébats ; et toujours son oncle nous trouva couchés chacun dans notre lit respectif lorsqu'il revenait de dire sa messe. J'amenai Christine avec moi à Venise où, par mes soins, elle fit la connaissance d'un riche praticien qu'elle épousa. Elle fit le bonheur de son époux qui, de son côté, la rendit parfaitement heureuse.

Une affaire importante m'appelait à Naples ; je résolus de partir sur-le-champ, deux jours après j'étais à Césène. J'avais fait connaissance, à Venise, de Capitani ; le hasard voulut que je fis le voyage avec ce joyeux compagnon ; à mon arrivée à Césène, il m'offrit l'hospitalité. Il avait deux filles très jolies ; je trouvais la plus jeune, nommée Javotte, tout à fait de mon goût. Loin de dissimuler les sentiments que j'avais pour elle, je lui en fis part et elle m'accueillit avec des preuves d'amour non équivoques.

Cette jeune fille avait eu une légère indisposition, et, comme elle avait la plus grande confiance en moi, je lui ordonnai de prendre un bain, ce qui devait la rétablir tout à fait.

Javotte obéit et un quart d'heure après, elle m'appela. Je lui fis de nombreuses ablutions dans tous les sens et dans toutes les postures, car elle était d'une docilité parfaite; mes mains indiscrètes parcouraient toutes les parties de son corps, s'arrêtant plus volontiers en certain endroit très irritable, la pauvre fille se sentait agitée d'un feu qui la brûlait ; elle se mit à me couvrir le visage de baisers ; ce fut l'instant que je choisis pour entrer dans le bain.

Nous restâmes longtemps embrassés dans une étreinte furieuse; c'est alors que j'eus lieu d'admirer toute la richesse de son tempérament. Elle fit des efforts incroyables pour éteindre le feu qui me dévorait, et nous sortîmes du bain très satisfaits l'un de l'autre. A l'heure du repas, Capitani complimenta Javotte sur ses fraîches couleurs et sur l'habileté du médecin qui lui avait rendu la santé.

CHAPITRE X

Mon arrivée à Paris. — Mes nombreuses connaissances. — La maison de Madame Paris.

Je quittai avec regret Capitani et ses charmantes filles, et j'arrivai à Naples, où Baretti, un de mes anciens amis, m'attendait pour se rendre avec moi à Paris. Notre voyage se fit assez rapidement et sans aucun de ces incidents qui abrègent la longueur de la route et font prendre patience au voyageur chagrin ou morose. Ma première aventure dans cette grande ville fut tout à mon désavantage et m'inspira un violent dégoût pour cette ville de débauches. La duchesse Rufé avait manifesté le désir de me voir.

Je n'ai jamais su rien refuser aux dames et encore moins aux duchesses.

A onze heures du matin, je me présentai chez cette belle inconnue.

Imaginez-vous soixante hivers accumulés sur un visage plâtré de rouge, un teint couperosé, une figure hâve et décharnée, toute la laideur et la flétrissure du libertinage empreinte sur cette dégoûtante physionomie. La duchesse était mollement étendue sur un sopha ; à mon apparition, elle s'écria avec une joie enragée : — Ah ! voilà un joli garçon ! — Viens t'asseoir ici.

J'obéis respectueusement; mais une odeur infecte de musc, qui me parut cadavéreuse, faillit me faire trouver mal. L'infâme duchesse s'était relevée et présentait à découvert un sein hideux, capable d'imposer au plus brave. Bientôt le squelette plâtré étend ses bras, et sans me laisser le temps de me reconnaître, elle applique sur ma joue ses lèvres baveuses qui me font frissonner; bientôt l'une de ses mains s'égarant avec le comble de l'indécence :

— Voyons donc, mon poulet, me dit-elle, si tu as un beau...

Je frémissais ; je résiste.

Nous entrâmes, et la lune, donnant en plein sur les eaux du bassin, nous vîmes trois nymphes. (Page 75.)

— Allons donc, tu fais l'enfant, dit cette nouvelle Messaline, es-tu novice ?

— Non, madame, mais...

— Eh bien, quoi ?

— J'ai la v.....

— Oh! le vilain! s'écriait-elle en lâchant prise, à quoi j'allais m'exposer!

Je profite du moment, et je me sauve à toutes jambes.

Dès mon arrivée à Paris, j'avais fait connaissance d'un nommé Patu, comédien distingué; c'est à lui que je dois le peu de plaisir que j'ai éprouvé dans cette grande ville.

Un jour il me proposa d'aller dîner à l'hôtel du *Roule*. L'hôtel du *Roule* était fameux à Paris, et je ne le connaissais pas encore. La maîtresse l'avait meublé avec élégance, et elle y retenait douze à quatorze nymphes choisies; on y trouvait toutes les commodités qu'on peut désirer : bonne table, bon lit, solitude dans de superbes bosquets et surtout la plus grande propreté, compagne inséparable de la *sécurité*.

De plus, elle avait un cuisinier excellent et ses vins étaient exquis. Elle s'appelait Mme Paris. La police de la maison était réglée comme un papier de musique et tous les plaisirs y étaient soumis à un tarif raisonnable. On payait six francs pour déjeuner avec une nymphe, douze pour y dîner et le double pour y passer la nuit. Nous prîmes une voiture et en moin d'une demi-heure nous fûmes arrivés.

La porte était fermée. Un suisse à grosses moustaches sort d'une porte bâtarde et vient gravement nous toiser. Nous jugeant gens de mine, il ouvre et nous entrons.

Une femme borgne d'environ cinquante ans, mais qui portait encore les restes d'une belle femme, vint nous demander si nous venions dîner chez elle. Sur notre réponse affirmative, elle nous mène dans une belle salle, où nous voyons quatorze jeunes personnes, toutes belles et uniformément vêtues de robes de mousseline. A notre aspect, elles se levèrent et nous firent une révérence très gracieuse. Toutes étaient à peu près du même âge; les unes blondes, les autres brunes ou châtaines; il y en avait pour tous les goûts.

Nous les parcourons en disant quelques mots

à chacune et nous fixons notre choix. Les deux élues poussent un cri de joie, en nous embrassant avec une volupté qu'un novice aurait pris pour de la tendresse; puis elles nous entraînent dans le jardin.

Ce jardin était vaste et bien distribué pour servir les amours.

Mme Paris nous dit :

— Allez, messieurs, jouir du bel air et de la sécurité sous tous les rapports; ma maison est le temple de la tranquillité et de la santé.

La belle que j'avais choisie était tendre et langoureuse; ce fut au milieu de la plus douce occupation que l'on nous appela pour le dîner. — Nous fûmes bien servis, et le dîner nous avait donné de nouvelles dispositions, quand, montre à la main, la borgnesse vint nous prévenir que notre partie était finie. Le plaisir était mesuré à l'heure.

Je dis un mot à Patu, et, après quelques considérations philosophiques, s'adressant à Mme la gouvernante :

— Nous allons renouveler la dose, dit-il, en doublant le salaire.

— Vous en êtes les maîtres, messieurs.

Nous montons et, après notre second choix, nous renouvelons notre promenade. Même désagrément que la première fois, par la rigoureuse exactitude de la dame.

— Bah ! c'est trop fort, madame.

— Mon ami, montons pour la troisième fois, faisons un nouveau choix et passons ici la nuit.

— Projet délicieux, auquel je souscris de grand cœur.

— Madame Paris approuve-t-elle le plan ?

— Je ne l'aurais pas mieux fait, messieurs ; c'est de main de maître.

Arrivés dans la salle et notre choix étant fait, je m'aperçus que j'avais pris une véritable Aspasie, avec laquelle je passai une nuit délirante. Je me souviens encore avec plaisir de cette maison charmante, dédiée au culte de l'amour. Mon séjour à Paris ne m'offrait, du reste, que des tracasseries continuelles à cause de la difficulté de la langue française. Un soir, que j'étais à l'Opéra dans la loge de la favorite, le maréchal de Richelieu, impatienté de m'entendre moucher continuellement, me dit que les fenêtres de ma chambre n'étaient pas bien fermées. Je lui répondis qu'il se trompait, car mes fenêtres étaient *calfoutrées*. Aussitôt toute la loge partit d'un éclat de rire; je sentis aussitôt que j'avais mal prononcé ce mot, c'est *calfeutrées* que j'aurais dû dire. Une demi-heure après, M. de Richelieu me demanda laquelle des deux actrices me plaisait le plus.

— Celle-ci, monsieur.

— Mais elle a de vilaines jambes.

— On ne les voit pas, monsieur; et dans l'examen de la beauté d'une femme, la première chose que j'*écarte*, ce sont les jambes.

Ce mot, dit par hasard, me donna de l'importance et me fit passer pour un bel esprit.

Je n'eus pas autant de succès chez M. de Préodot. J'apprenais l'italien à ses filles, l'une d'elles avait pris une médecine et moi, traduisant sottement une phrase italienne, je lui demandais si elle avait bien déchargé; comme il y avait nombreuse compagnie autour de la belle, vous jugez sans peine de l'effet produit par ma question indiscrète.

Une autre fois, me trouvant avec les parents d'une charmante personne, sage, modeste, pleine d'esprit et à laquelle je donnais aussi des leçons, cette dernière voulut me faire un compliment en italien :

— *Signore*, me dit-elle, *sano incantata di vi vedere in buona salute.*

— Je vous remercie, mademoiselle ; mais, pour traduire *je suis charmée*, il faut dire *ho piacere :* et, pour rendre *de vous voir*, il faut dire *di vedere vi.*

— Je croyais, monsieur, qu'il fallait mettre le *vi* devant.

— Non, mademoiselle, nous le mettons derrière.

Voilà le père et la mère de la jeune personne qui se pâment de rire, la demoiselle confuse, et moi désespéré d'avoir dit une bêtise de cette force.

Cette équivoque malotrue courut tout Paris.

A la fois fatigué et ennuyé de toutes les avanies que j'essuyais et des aventures fâcheuses qui m'arrivaient coup sur coup, je pris le sage parti de retourner dans ma patrie.

Un mois après, j'étais à Venise, où il m'arriva une charmante aventure qui me fit oublier mes chagrins et tous les désagréments que j'avais éprouvés chez les Français.

CHAPITRE XI

Mes amours avec la belle C. C. et Barberine.

Le lendemain de mon arrivée à Venise, P. C., un de mes amis, entre chez moi d'un air de triomphe, en me disant que sa sœur et sa mère désiraient me voir. C. C. était la plus jolie fille du monde et comme il m'invitait à déjeuner chez lui, je n'eus garde d'y manquer.

J'eus soin, pour captiver la belle enfant, d'acheter quelques colifichets, des bas de soie et une paire de jarretières.

Pendant tout le repas, C. C. répondait à mes flatteries par un sourire enchanteur et par un serrement de main, qui me prouva que j'avais su lui plaire. Après le repas, nous nous promenâmes dans les jardins; C. C. me défie à la course.

J'accepte, mais pour l'intéresser, je veux une gageure.

— Je le veux bien, dit-elle.

Nous établissons le but et nous partons. Je la laisse arriver la première, alors elle me dit que, ayant perdu, je dois trouver sa bague. Elle l'avait cachée sur elle. Je trouvai la chose charmante et mes mains découvrirent bientôt des trésors inconnus. La bague finit par être découverte entre les deux plus beaux gardiens que la nature ait jamais arrondis, mais j'étais si ému en la retirant, que ma main tremblait visiblement.

Nous recommençâmes ensuite notre jeu, et, cette fois, elle perdit.

— Qu'ordonnez-vous ? dit-elle.

— Attendez. Asseyons-nous, car j'ai besoin d'y penser, lui répondis-je.

Je vous condamne à troquer avec moi vos jarretières.

— Des jarretières ? — Mais les miennes ne valent rien.

— N'importe. Je penserai deux fois par jour à

l'objet que j'aime, et à peu près aux mêmes instants où vous serez obligée de penser à moi.

— L'idée est fort jolie, elle me flatte.

— Voici mes vilaines jarretières.

— Ah! mon cher! qu'elles sont belles! le joli présent! — Trouvant que ses bas étaient trop courts pour lui attacher la jarretière au-dessus du genou, elle me dit qu'elle les mettrait avec des bas plus longs, et à l'instant, tirant adroitement de ma poche ceux que j'avais achetés, je les lui fais accepter. Joyeuse et pleine de reconnaissance, elle s'assied sur moi, et, dans l'effusion de son contentement, elle me couvre le visage de baisers. Je les lui rends avec usure. Puis ma charmante C. C. se déchaussa et se mit une paire de bas qui lui allaient jusqu'à la moitié de la cuisse. Plus je la découvrais innocente, moins j'osais me déterminer à m'emparer de cette ravissante proie. Huit jours après cette scène charmante, me trouvant seul avec elle chez la maîtresse du Casino, où je lui avais donné rendez-vous, et ne pouvant plus résister à la violence de mes désirs, je l'embrassai tendrement. Elle me saisit la tête avec transport et répondit à mes brûlantes caresses; puis, se déshabillant en un clin d'œil, elle apparut à mes yeux émerveillés comme si elle sortait des mains du suprême artiste. Sa peau douce comme le satin était d'une blancheur éblouissante, relevée par sa superbe chevelure d'ébène, que j'avais étendue sur ses épaules d'albâtre. Sa taille svelte, ses hanches saillantes, sa gorge parfaitement moulée, ses grands yeux, d'où s'échappaient à la fois la douceur et l'étincelle du désir : tout en elle était d'une beauté parfaite et présentait à mes avides regards la perfection de la mère des amours.

Nous nous mîmes au lit.

Ma chère C. C. devint une héroïne de volupté, car l'excès de son amour lui rendit la douleur même délicieuse. Après trois heures passées dans les plus doux ébats, je me levai et fis servir un repas délicieux. Puis, l'hôtesse s'étant approchée du lit pour l'arranger, elle aperçut les traces vénérables de la sagesse de C. C. et, dans un mouvement de joie, elle courut embrasser cette dernière en lui faisant des compliments qu'elle méritait bien : puis elle sortit.

Alors nous nous couchâmes et quatre heures de délicieuses extases passèrent avec une extrême rapidité.

Notre dernière lutte aurait été plus longue s'il n'était venu à ma charmante amie le caprice de se mettre sur moi. Épuisés de bonheur et de jouissance, nous nous endormîmes. Lorsque vint le jour, les yeux de ma charmante maîtresse portaient les marques irrécusables de ses premiers exploits.

Nous prîmes du café bien chaud, ensuite nous partîmes; je l'accompagnai jusqu'à la place Sainte Sophie et j'allai me coucher en pensant à mon bonheur. Le frère de C. C. fut cause que je ne revis plus sa charmante sœur ; il sut m'exploiter si habilement qu'en peu de temps je fus ruiné et obligé de fuir Venise pour ne pas m'exposer aux mauvais traitements de plusieurs marchands que nous avions ruinés. J'avais encore quelques sequins en poche. Arrivé à Vicence, je me mis à jouer, et la fortune, cette fois, me favorisa : au bout de deux mois, je fus assez riche pour quitter cette ville et retourner à Venise où j'appris que la belle C. C. était partie avec un jeune seigneur qui devait l'épouser. Cette nouvelle m'attrista; mais une circonstance heureuse dissipa mon chagrin.

J'avais fait connaissance, chez M. Murray, de Barberine. Cette jeune fille était la sœur de sa maîtresse.

Elle m'avait pris en amitié et me fit promettre d'aller la voir chez sa mère ; je n'eus garde d'y manquer. La bonne femme me reçut d'une façon cordiale. Après avoir visité la maison, la petite Barberine me demanda si je voulais voir le jardin. — Volontiers, lui dis-je, car c'est une rareté à Venise. Sa mère lui dit de m'offrir des figues s'il y en avait de mûres. Ce petit jardin avait une centaine de pieds carrés, où il n'y avait que de la salade et un figuier fort beau. Il n'était pas riche en fruits, et je lui dis que je n'en voyais aucun. — J'en vois en haut, me dit Barberine, et je vais les cueillir si vous voulez me tenir l'échelle. — Oui, va, je la tiendrai bien fort. Elle monte légèrement et, pour atteindre quelques figues, elle allonge un bras et met son corps hors d'équilibre en se tenant de l'autre main à l'échelle.

— Ma chère Barberine, si tu savais ce que je vois.

— Ce que vous avez vu souvent à d'autres, me dit elle.

— C'est vrai, mais je n'ai jamais rien vu d'aussi joli.

La petite ne répond pas; mais comme si elle n'avait pas pu atteindre aux fruits, elle met le pied sur une branche élevée et m'offre le plus séduisant tableau ! J'étais ravi !

Barberine, qui s'en aperçoit, ne se presse pas. Enfin, je l'aide à descendre, et fourvoyant ma main, je lui demande si le fruit que je tenais avait été cueilli. — Elle me fixe avec un doux sourire et me donne tout le temps de m'assurer qu'elle était *neuve*. Je la réçois dans mes bras, je la presse amoureusement contre mon cœur en imprimant sur ses lèvres un baiser de flamme, qu'elle me rendit dans toute la joie de son cœur.

— Veux-tu, ma chère, me donner le fruit que je t'ai pris?

— Ma mère ira demain à Muran, et elle y restera toute la journée; si vous venez, je ne vous refuserai rien.

Je fus exact au rendez-vous. — Dès qu'elle m'aperçut, elle m'annonça que sa mère ne reviendrait que le soir et que son frère dînait à l'école, que nous serions donc parfaitement tranquilles.

— Voici une poularde, du jambon, du fromage et deux flacons de vin de Scopolo ; nous dînerons à la militaire quand vous voudrez.

— Tu m'étonnes, ma charmante amie, comment as-tu pu te procurer un si bon dîner ?

— Nous le devons à ma mère ; ainsi, à elle les éloges.

— Tu lui as donc dit ce que nous allions faire ?

— Oh non ! pas tout à fait, car je n'en sais rien ; mais je lui ai dit que vous viendriez me voir et je lui ai remis les dix sequins que vous m'aviez donnés hier.

— Et qu'a dit ta mère ?

— Qu'elle était contente et que vous nous faisiez beaucoup d'honneur.

Après ce rapide dialogue, nous déjeunâmes ; puis dans un accord parfait, nous allâmes nous coucher, ayant plutôt l'air d'aller sacrifier à l'hymen qu'à l'amour.

Le jeu était nouveau pour Barberine; ses transports, ses idées vertes et naïves qu'elle me communiquait sans fard, son inexpérience ou plutôt sa gaucherie, m'enchantaient. Il me semblait que pour la première fois je touchais à l'arbre précieux de la science et que jamais je n'avais goûté de fruit aussi savoureux. Ma petite nymphe aurait été honteuse de laisser paraître la douleur que lui causait la première épine, et pour me convaincre qu'elle ne savourait que la rose, elle s'évertuait à me persuader qu'elle avait plus de plaisir qu'il n'était possible de lui en supposer pour une première épreuve, toujours plus ou moins douloureuse. Elle n'était pas encore grande fille; les roses de ses seins naissants n'étaient que des boutons imperceptibles. Après plus d'un assaut livré et soutenu avec ardeur, nous nous levâmes pour dîner; et après nous être restaurés, nous nous remîmes sur l'autel de l'amour, où nous restâmes jusqu'au soir.

Je fis à Barberine un présent de vingt sequins, je lui jurai de l'aimer toujours et je partis. Je n'avais assurément pas l'intention d'être infidèle à mes serments ; mais ce que la destinée me préparait ne pouvait point se combiner avec des promesses qui coulent de source dans un moment d'effervescence.

... puis, se déshabillant en un clin d'œil, elle apparut...
(Page 96.)

CHAPITRE XII

La Lambertini. — Je guéris une jeune fille des pâles couleurs. — Ma passion pour Madame Meau — Les bains de Berne. — Mes amours avec Madame Dubois, Sara et Raton.

Le soir, j'allai souper chez M. de Bragadin et je procurai à ce digne vieillard une soirée calme et paisible. L'ayant quitté de bonne heure, je me rendis à mon logement; j'allais me coucher lorsque j'aperçus une demoiselle d'une taille gracieuse, qui occupait mon balcon. Son visage était très pâle, mais sa parole vive me captiva. Après avoir échangé quelques paroles courtoises, je me retirai.

Cette jeune personne était la sœur de la femme de chambre; dès l'aube je la questionnai : elle m'apprit que cette dernière avait les pâles couleurs et qu'elle ne se trouvait incommodée que quand la respiration lui manquait. Le matin, je fus éveillé par un grand bruit; je me levai et ayant passé ma robe de chambre à la hâte, je me rendis dans la pièce voisine. Là, je trouvai la jeune fille que j'avais vue au balcon : elle était mourante. Je n'eus pas besoin de feindre pour lui montrer de l'intérêt ; j'en ressentais un bien tendre. Comme nous étions au commencement de juillet, la chaleur était très forte, et ma belle n'était couverte que d'un mince drap de lit. Elle ne pouvait me parler que des yeux, mais, malgré leur abattement, il y avait quelque chose de si tendre ! Je lui demande si elle a des palpitations, et, mettant ma main sur son cœur, mes lèvres impriment sur son sein un baiser de feu. Ce fut l'étincelle électrique, car sa bouche poussa un soupir qui lui fit du bien. Elle n'avait pas la force de repousser ma main, que je pressai amoureusement sur son cœur. Enhardi, je colle mes lèvres ardentes sur sa bouche mourante, je la réchauffe de mon haleine, et ma main audacieuse descend jusqu'au sanctuaire du bonheur.

Elle fit un effort pour me repousser.

Le médecin arrive et je me retire discrètement, il lui ouvre la veine ; alors elle respire, sa mère se joint à moi et je la persuade que je ne la quitterai pas un instant et que je me ferai servir à dîner près de son lit. Elle passe alors un corset et prie sa sœur de mettre sur elle une couverture de taffetas, car on la voyait comme à travers un voile de crêpe. Brûlant d'amour et ayant donné mes ordres pour mon dîner, je m'assieds à son chevet et, lui prenant la main que je couvre de baisers, je lui dis que j'étais certain qu'elle guérirait si elle pouvait m'aimer. — Hélas ! dit-elle, qui pourrais-je aimer, n'étant pas sûre d'être aimée ! — Je ne laisse point tomber sa réponse, et après quelques propos galants, je surprends un soupir et un regard amoureux. Je mets ma main sur son genou, la priant de la laisser là, et lui promettant de n'exiger plus rien ; mais peu à peu je cherche à lui causer une sensation agréable. — Ah ! laissez moi, me dit-elle d'un ton de sentiment et en se retirant ; c'est peut-être là la cause de ma maladie. — Non, mon amie, non, lui dis-je avec feu, cela ne saurait être. Et ma bouche arrête sur ses lèvres l'objection qu'elle allait me faire. Je la quittai pendant quelques minutes, pour faire presser le dîner, qui était excellent. Le soir, étant rentré de bonne heure, je la trouvai sur mon balcon. Là, assis tout près et vis-à-vis d'elle, parlant tour à tour le langage des yeux et celui des soupirs, plongeant des regards avides sur ses charmes, que la lumière de Phœbé rendait encore plus intéressants, je lui communiquai l'ardeur qui me consumait et, la pressant amoureusement contre mon sein, elle me rendit heureux avec tant de feu et d'abandon, qu'il me fut facile de juger qu'elle croyait recevoir plutôt une faveur que de m'en accorder une. J'immolai alors la victime sans ensanglanter l'autel. — Puis, nous nous couchâmes comme si nous n'avions fait que cela depuis un an, et nous passâmes une nuit délicieuse, moi animé par l'amour et le désir de la guérir, elle par la volupté la plus ardente et la reconnaissance la plus vive.

Au point du jour, après m'avoir embrassé tendrement et les yeux humides de bonheur, elle se leva et alla se reposer sur le lit. Nous continuâmes ainsi à passer des nuits délicieuses pendant trois semaines de suite et je l'eus infailliblement épousée, sans un avis formel de M. de Bernès, qui me rappelait à Paris, où j'arrivai pour être témoin de l'exécution de Damiens.

J'avais loué un balcon et j'avais invité Teretta ainsi que Mme Lambertini et sa nièce à assister au supplice du régicide.

Teretta était un jeune Italien, sans fortune, et que j'avais placé près de Mme Lambertini en qualité de secrétaire. Ce jeune Teretta avait été surnommé, par cette dernière, M. le comte de *six fois*, à cause de sa vigueur dans certaines occasions. La nièce de Lambertini était sortie du couvent depuis peu ; elle était d'une beauté peu commune et d'une naïveté non moins rare. Je résolus de la déniaiser.

Un soir que j'étais demeuré seul avec la petite nièce, cette dernière me demanda ce qu'il y avait de commun entre coueher avec sa tante et le nom de *six fois*.

— Mademoiselle, la chose est fort simple ;

mon ami a rempli six fois en une nuit un devoir qu'un mari met souvent six semaines à remplir avec sa femme.

Elle baissa la tête et rougit.

— Eh bien ! sachez donc, ajouta-t-elle, qu'aujourd'hui après le dîner, et en ma présence, il l'a .. ..

La jeune innocente avait les yeux en feu ; cet entretien l'avait évidemment échauffée outre mesure. C'est alors que je fis de mon mieux. Elle vit que j'étais de taille à lutter avec mon ami et que l'avantage aurait été de mon côté. J'avais en même temps pris sa jolie main, qu'elle m'avait abandonnée sans conséquence, et en la retirant elle fut tout étonnée d'avoir besoin d'un mouchoir.

— Qu'est-ce que cela ?

— C'est ce qu'il y a de plus précieux dans les deux sexes, ce qui renouvelle le monde.

Elle ne répondit pas, mais elle prit un fagot pour arranger le feu, et comme elle était baissée et dans une posture tout à fait favorable, j'osai d'une main téméraire aborder le parvis du temple, et je trouvai la porte tellement close, que pour pénétrer dans le sanctuaire, il était indispensable de la briser. L'arrivée de Mme Lambertini mit fin à ce joyeux badinage; elle venait me prier d'accompagner sa nièce jusqu'à sa chambre, afin de se ménager une entrevue avec M. le comte de *six fois*.

Ma douce amie m'embrassa tendrement et bientôt ma main pressa un délicieux petit corset, véritable prison de deux globes qui semblaient gémir de leur captivité. Je vais plus loin, je délace.... car, où s'arrête le désir ?

— Mon ami, me dit-elle, je ne puis me défendre, mais ensuite vous ne m'aimerez plus.

— Toute ma vie.

Bientôt la gorge la plus belle fut en proie à mes ardentes caresses. Ma flamme alluma la sienne, et, ne se connaissant plus, elle m'ouvrit ses bras, me faisant promettre de la respecter; eh ! que ne promet-on pas ? A-t-on le temps de savoir la valeur de ses promesses dans ces moments de délire ?

Après avoir passé une heure dans ces badinages amoureux qui l'enflammèrent d'autant mieux que c'était la première fois que ses charmes étaient exposés au contact des lèvres ardentes d'un homme et aux badinages d'une main libertine : — Je suis, lui dis-je, au désespoir de devoir te quitter sans avoir rendu à tes charmes le principal hommage qu'ils méritent.

Un soupir fut sa réponse.

Il faisait froid, le feu était éteint, et je désirais passer la nuit sur ce canapé.

— Donne-moi une couverture, mon ange, que je m'éloigne de toi, car je mourrais ici de froid et d'amour si tu me forçais à vivre d'abstinence.

— Couche-toi à ma place, mon ami, je vais aller rallumer le feu.

Elle se lève nue et ravissante; elle met un fagot au feu, la flamme pétille. Je me lève, je la trouve dans la position la plus avantageuse pour dessiner ses formes, je n'y tiens pas, je la presse dans mes bras; elle me rend caresses pour caresses, et nous nous plongeâmes dans la volupté jusqu'au point du jour.

Pendant plusieurs jours, nous renouvelâmes nos tendres ébats, et ce fut la mort dans l'âme que je me séparai de cette femme qui me rendait heureux. Une nécessité impérieuse exigeait mon départ immédiat de Paris. Je ne savais au juste où diriger mes pas. Je résolus de visiter l'Allemagne et la Suisse avant de retourner en Italie. Je me rendis à Cologne; cette ville ne m'offrit que peu d'agréments, car le plaisir que j'y goûtai m'occasionna des tourments. Je traversai rapidement l'Allemagne et j'arrivai à Berne avec la femme la plus charmante qu'il soit possible de rencontrer en voyage. Elle se nommait Mme Dubois; j'eus occasion de lui donner des preuves de mon amour et elle m'en remercia avec effusion. Arrivé à Berne, nous logeâmes dans le même hôtel et, bien que sa tendresse pour moi se fût d'abord manifestée par une maladie assez bénigne qu'elle me communiqua, mon ardeur pour elle, au lieu de s'éteindre, se ralluma de plus belle.

Après une nuit passée dans les bras l'un de l'autre, je sortis de bonne heure pour visiter la ville. Arrivé sur une élévation d'où mes regards planaient sur une vaste campagne, où serpentait une petite rivière, j'aperçus un sentier qu'il me prit envie de suivre et qui me mena à une sorte d'escalier. Je descendis une centaine de marches, et je trouvai une quarantaine de cabinets que je jugeai être des espèces de loges pour se baigner. En effet, pendant que je considérai l'endroit, un homme d'une tournure honnête vint me demander si je voulais prendre un bain. Lui ayant répondu affirmativement, il m'ouvrit une loge, et aussitôt une foule de jeunes filles accoururent vers moi.

— Monsieur, me dit le maître, chacune de ces filles aspire à l'honneur de vous servir dans le bain. Vous n'avez qu'à choisir. Avec un petit écu, vous payerez ce bain, la fille et votre café.

Imitant le Grand-Turc, je parcours des yeux cet essaim de robustes beautés, et je jette mon mouchoir à celle qui me convient le mieux. Étant entrée dans ma loge, elle ferma la porte en dedans, et de l'air le plus sérieux du monde, sans dire un mot et sans même me regarder en face, elle me déshabilla, mit mes cheveux sous un bonnet de coton, et dès qu'elle me vit dans l'eau, elle se déshabilla en personne habituée à cet exercice, puis elle entra dans le bain. Là, elle se mit en devoir de me frotter partout, excepté sur un certain endroit que j'avais recouvert de mes deux mains. Lorsque je me trouvai assez manipulé, je lui demandai du café. Elle sortit du bain, ouvrit la porte, et après avoir demandé ce que je voulais, elle rentra dans le bain sans la moindre gêne. Le café étant servi, elle sortit de nouveau pour le prendre, referma la porte, et rentrée dans le bain, elle me tint le cabaret pendant que je vidais ma tasse, et quand je l'eus achevée, elle resta à côté de moi. Quoique sans m'arrêter sur les formes de cette fille, j'en avais assez vu pour reconnaître qu'elle avait tout ce qu'un homme peut désirer rencontrer dans une femme : un beau visage, des yeux vifs et bien fendus, une belle bouche bien garnie, un teint de santé, un sein bien arrondi, une chute de reins fort bien prononcée, et le... reste à l'unisson. De plus ma Suissesse n'avait que dix-huit ans ; pourtant je restai froid à tout. D'où venait cela ? C'était la question que je me faisais ; et c'était peut-être parce qu'elle n'avait pas ces grâces, cette coquetterie, ces petits airs grimaciers que les femmes emploient pour nous séduire. Nous n'aimons que l'artifice et la fausseté !

Quand je fus sorti du bain, elle prit des serviettes, m'essuya, me passa ma chemise, puis, telle qu'elle était, c'est-à-dire toute nue, elle me coiffa.

Pendant que je m'habillai, elle s'habilla aussi, ce qui fut bientôt fait; ensuite elle vint boucler mes souliers. Je lui remis alors un petit écu pour le bain et six francs pour elle : mais, gardant le petit écu, elle me rendit les six francs d'un air de mépris, sans proférer une parole. Cela me mortifia; je me retirai d'assez mauvaise humeur.

Après le souper, je racontai à Mme Dubois mon aventure de l'après-midi. Elle voulut m'accompagner de nouveau au bain, afin de voir la belle Suissesse dont j'avais méprisé les charmes. Pour cela elle s'habilla en homme et nous partîmes. Dès que nous fûmes arrivés, nous vîmes le maître du bain, qui vint me demander si nous voulions une chambre pour quatre personnes. Sur ma réponse affirmative, nous fûmes à l'instant environnés de toutes les servantes du bain. Je montrai à Mme Dubois celle qui ne m'avait pas séduit et qui pourtant était fort jolie. Elle en fit choix et moi, ayant jeté mon dévolu sur une grosse luronne à l'air déterminé, nous nous enfermâmes tous les quatre dans le bain.

Dès que je fus déshabillé, j'entrai dans l'eau avec ma robuste Suissesse. Ma chère Mme Dubois, qui était habillée en homme, ne se pressait guère; quelque chose dans sa mine indiquait qu'elle se repentait de s'être engagée si avant; mais faisant bonne contenance, elle se mit à rire en me voyant frotté d'importance par mon grenadier féminin. Elle eut quelque peine à se défaire de sa chemise, mais, comme il n'y a que le premier pas qui coûte, bientôt elle la laissa tomber et étala à mes yeux éblouis la beauté de ses formes. Sa servante se préparait à la traiter comme je l'avais été la veille, mais elle la pria de la laisser tranquille; et, l'ayant imitée en renvoyant la mienne, il fallut bien qu'elle se décidât à se laisser servir par moi.

Les deux Suissesses, qui, sans doute, s'étaient souvent trouvées dans une situation semblable, se mirent en devoir de nous donner un spectacle qui m'était bien connu, mais qui était tout à fait étranger à ma chère Dubois.

Ces deux bacchantes commencèrent à imiter les caresses que je faisais à ma maîtresse, tandis que celle-ci ne pouvait pas revenir de sa surprise en voyant la fureur avec laquelle ma servante jouait le rôle d'homme auprès de la sienne.

Je n'aurais jamais pu croire que quelque chose de ce genre eût pu me distraire, ayant entre mes bras une femme que j'aimais et qui possédait tous les charmes qui peuvent captiver les sens; mais l'étrange lutte de ces deux jeunes ménades l'occupait comme moi.

— Il faut, me dit ma maîtresse, que la fille que vous avez prise soit un garçon.

— Mais, ma chère, lui dis-je, vous voyez sa gorge et ses formes!

— Oui, mais cela n'empêche pas.

Ma grosse Suissesse, qui l'avait entendue, se retourna et me fit voir une chose que j'aurais crue impossible. Cependant je ne pouvais m'y méprendre : aussi m'efforçai-je de dissimuler mon étonnement, et je répondis aux propos de la belle par quelques plaisanteries banales.

J'expliquai à ma chère Dubois ce que c'était ; mais, pour la convaincre, je fus obligé de la lui faire toucher. L'insolente créature poussa le dévergondage jusqu'à lui offrir d'en faire l'essai sur elle, et elle y mettait une insistance si passionnée, que je fus obligée de la repousser. Se retournant alors vers sa compagne, elle assouvit sur elle sa lubrique fureur. Cette vue, malgré ce qu'elle pouvait avoir de dégoûtant, nous irrita si fort que ma maîtresse, cédant à la nature, m'accorda tout ce que je pouvais désirer. Cette fête dura deux heures et nous fit rentrer en ville très contents l'un de l'autre. En sortant du bain, je donnai un louis à chacune des deux bacchantes et nous partîmes avec l'intention de ne plus rétourner au bain.

Peu de temps après cette aventure, je fis connaissance de M. de F..., membre du conseil des Deux-Cents. Étant venu me voir, je lui avais présenté ma chère Dubois, et il la traitait avec la même distinction que si elle avait été ma femme. Il nous avait présenté son épouse à la promenade et il était venu nous voir plusieurs fois avec elle et sa fille Sara.

Sara n'avait que treize ans, mais elle était très avancée pour son âge; belle, brune, pleine d'esprit, elle se plaisait à dire mille naïvetés gentilles dont elle sentait toute l'étendue, quoiqu'à la voir on eût pu la croire parfaitement ignorante. Sara avait déclaré qu'elle était amoureuse de ma maîtresse et comme ses parents en riaient, elle lui faisait toutes sortes de caresses. Elle venait souvent déjeuner avec nous, et quand elle nous trouvait au lit, elle venait embrasser mon amie, qu'elle appelait sa femme, passer sa main sous la couverture pour la chatouiller et lui disait qu'elle était son petit mari et qu'elle voulait lui faire un enfant. Ma maîtresse riait et la laissait faire. Un jour, riant aussi de ses gentillesses, je lui dis qu'elle me rendait jaloux, que réellement je la croyais un petit homme et que je voulais m'en assurer. En disant cela, je la saisis, et je fis semblant de vouloir effectuer ma recherche; la petite matoise

Imitant le Grand Turc, je parcourus des yeux cet essaim de robustes beautés. (Page 114.)

me disait en riant que je me trompais, mais sa main semblait plutôt guider la mienne que s'opposer à la résistance. Cela me rendit curieux, et je pus bientôt me convaincre qu'elle ne cachait pas son sexe.

Deux ou trois jours après, cette jeune fille étant entrée au moment où je me levais, me dit avec sa naïveté ordinaire :

— Maintenant que vous savez que je ne suis pas un homme, vous ne pouvez pas être jaloux que je prenne votre place auprès de ma petite femme, si elle le permet. Ma maîtresse, qui avait envie de rire, lui dit : Viens. — En un clin d'œil la voilà déshabillée et dans les bras de sa petite femme qu'elle se mit à traiter en époux amoureux. Ma maîtresse riait et Sara, dans ses ébats, ayant trouvé le secret de se défaire de sa chemise et de se débarrasser de la couverture, se montrait à mes yeux sans le moindre voile ; en même temps elle découvrait toutes les beautés de mon amie. Ce spectacle m'enflamma, j'allai fermer la porte et je rendis la jeune friponne témoin de mon ardeur avec ma Dubois.

Sara se tint tranquille et attentive jusqu'à la

fin, jouant parfaitement l'étonnée, mais quand j'eus achevé, elle me dit de l'air le plus naïf : — Faites-le lui encore. — Je ne puis pas, ma chère, car tu vois bien que je suis mort.

— C'est bien drôle! s'écria-t-elle. Et, d'un air d'innocence parfaite, elle vint d'elle-même entreprendre ma résurrection.

Quand elle eut réussi à me rendre dans l'état où elle me voulait : — Eh bien! allez à présent, me dit-elle. Sans doute je lui aurais obéi, mais ma maîtresse lui dit :

— Non, ma chère, puisque tu l'as ressuscité, c'est à toi à le faire mourir de nouveau.

— Je le voudrais bien, dit-elle, mais je n'aurai pas assez de place. Et en disant cela, elle se mit en posture de me faire voir qu'elle disait vrai et que si elle ne me faisait pas mourir, ce ne serait pas sa faute.

Imitant son air niais, je m'approche comme quelqu'un qui veut bien avoir une complaisance, et sans intention d'aller plus loin; mais ne trouvant aucune résistance, j'accomplis l'acte dans toutes les formes, sans qu'elle donnât le moindre signe de douleur, sans aucun des accidents d'une première épreuve, et donnant au contraire toutes les marques d'une complète jouissance. Quoique je fusse persuadé du contraire, je me possédai assez pour dire à ma maîtresse que Sara m'avait donné ce qu'on ne donne pas deux fois, et elle eut l'air de le croire. Sara savait que nous n'étions pas dupes de sa feinte simplicité, mais elle faisait semblant de l'ignorer afin d'en tirer parti.

Qui pouvait l'avoir instruite dans cet art? — Personne. Esprit naturel, moins rare dans l'enfance que dans la jeunesse, mais toujours étonnant.

Mme Dubois m'avait engagé plusieurs fois à me rendre à Lausanne afin de louer un chalet pour y passer l'été. Ses moindres désirs étaient des ordres; je partis donc de grand matin de Berne et je ne m'arrêtai qu'à Morat, où il m'arriva une aventure assez comique. Je trouvai à l'auberge une jeune fille de service qui parlait roman. Elle s'appelait Raton, nom que fort heureusement, je retins en mémoire. Je lui offris six francs pour prix d'une... complaisance; mais elle les refusa avec une sorte de fierté, en me disant que je m'adressais mal et qu'elle était honnête fille.

— Cela est possible, lui dis-je, et j'ordonnai qu'on mît les chevaux.

Quand l'honnête Raton me vit prêt à partir, elle me dit à la fois d'un air riant et timide qu'elle avait besoin de deux louis; que si je voulais les lui donner et rester la nuit, je serais content.

— Je reste, mais souviens-toi d'être douce.

— Je le serai.

Quand tout le monde fut couché, elle vint dans ma chambre avec un petit air effaré, bien propre à redoubler mon ardeur; mais, par un bonheur singulier, me sentant pressé d'un besoin, je prends la lumière et je cours au lieu où je pouvais le satisfaire. Pendant mon occupation, je m'amusai à lire les mille sottises qu'on trouve d'ordinaire en pareil endroit, quand mes regards s'arrêtèrent sur ces mots; « *Le 10 août 1760, l'indigne Raton m'a donné quinte et quatorze. Avis au lecteur.* »

Je fus presque tenté de croire aux miracles. Je retourne dans ma chambre d'un air fort gai et je trouve la belle déjà couchée et sans chemise. Je vais à la ruelle où elle l'avait jetée, et lorsqu'elle s'aperçut que je la ramassais, elle me supplia avec effroi de ne pas la toucher parce qu'elle n'était pas propre. Elle avait raison, car elle portait de nombreux stigmates du mal qui la dévorait. On peut bien croire que je sentis mon ardeur se refroidir, et je la chassai à l'instant; mais je me sentais en même temps une grande reconnaissance pour ce qu'on appelle le hasard, car jamais je ne me serais avisé de soumettre au moindre examen une jeune fille qui s'annonçait par un teint de lis et de roses et qui comptait au plus dix-huit printemps. Le lendemain, j'arrivais à Lausanne.

CHAPITRE XIII

La religieuse de Chambéry et sa petite amie.

MON séjour à Lausanne fut de courte durée ; après avoir embrassé tendrement ma chère Dubois, qui avait été fidèle au rendez-vous, je partis pour Chambéry, où j'eus une bonne fortune digne d'être racontée. En passant dans une rue écartée, je fis la rencontre d'une religieuse dont les traits charmants me rappelèrent ceux de la belle C. C. Je la suivis, elle logeait chez une paysanne du faubourg. Je demandai à l'entretenir en particulier, ce qu'elle m'accorda avec le plus gracieux sourire. Je tirai alors de mon portefeuille le portrait de la belle C. C. et je convainquis ma religieuse de l'extrême ressemblance qu'elle avait avec une femme dont je conservais les plus doux souvenirs.

La paysanne apporta le souper et, cédant aux vives instances de la religieuse, je partageai son frugal dîner.

Je passai une heure avec elle, après que son hôtesse eut enlevé le couvert. Par ma conduite réservée, je la convainquis que je n'avais pour elle que l'amour d'un père. Elle attribua à la tendre amitié tous les baisers que je lui prodiguais sur les yeux et sur les lèvres.

Mais ce jeu n'était pas longtemps soutenable et je devais agir avec circonspection. Aussi, dès que je sentis que le sentiment allait dominer ma raison, je lui donnai un dernier baiser et je me hâtai de sortir.

Rentré chez moi, je me couchai ; pendant mon sommeil, je revis en rêves les charmes de ma nouvelle C. C.

Dès le point du jour, je pris la clé des champs.

Trouvant ma belle religieuse au lit, je lui dis :

— Comment vous portez-vous aujourd'hui, madame ?

— Dites donc ma fille, car ce nom est si doux que je voudrais que vous fussiez mon père, pour pouvoir vous serrer dans mes bras sans aucune crainte.

— Eh bien ! ma chère fille, ne crains rien, ouvre-moi tes bras.

— Oui, embrassons-nous. — Dans notre étreinte mutuelle, ses beaux cheveux noirs se déroulèrent sur ses épaules d'albâtre.

— Mets-toi sur ton séant, ma complaisante amie, et laisse-moi voir si tes beaux cheveux couvrent la moitié de ton beau corps.

— Mais alors il faut que je laisse tomber ma chemise ?

— Certainement. Bien ! Que tu es belle comme cela ! Que je suce tes jolies mamelles !

Après m'avoir accordé cette jouissance, elle se laissa presser toute nue dans mes bras et ignorant ou faisant semblant d'ignorer la vivacité du plaisir que j'éprouvais, elle me dit :

— Si l'on peut accorder de pareilles satisfactions à l'amitié, elle est préférable à l'amour, car je n'ai jamais éprouvé de ma vie une plus douce jouissance que celle que tu m'as procurée en tenant tes lèvres attachées à mon sein. Permets-moi de t'en faire autant.

— Je le veux bien, mon cœur, mais tu ne trouveras rien.

— N'importe, nous rirons.

Après qu'elle eut contenté son envie, nous passâmes un quart d'heure à nous embrasser, et j'étais dans un état insoutenable.

— Dis-moi la vérité, lui dis-je, dans l'ardeur de mes baisers, dans ces transports que nous voulons appeler enfantins, ne sens-tu pas des désirs beaucoup plus grands ?

— Oui, je te l'avoue, mais ils sont criminels, et persuadée que tes désirs ne sont pas moins vifs que les miens, nous ferions bien de cesser nos agréables badinages, car notre amitié devient un amour ardent.

— Oui, ma fille, un amour invincible.

— Je le sens bien.

— Si tu le sens, rendons-lui hommage par le plus doux des sacrifices.

— Non, mon ami, non ; finissons au contraire et soyons plus prudents à l'avenir.

En achevant ces mots, elle se dégagea doucement de mes bras, remit ses beaux cheveux sous son bonnet, puis l'ayant aidée à relever sa chemise, qui était de grosse toile, je lui dis qu'elle pouvait être tranquille.

Je partis donc amoureux et malheureux ; je n'eus garde d'oublier la bonne paysanne, qui m'attendait à la porte de sa maison, et je lui assurai que le lendemain elle aurait ma visite. Je ne saurais peindre la joie qui éclatait dans les regards de ma belle religieuse lorsqu'elle me revit.

Dès que nous fûmes seuls, elle ôta son bonnet et laissa tomber sa belle chevelure ; je délaçai son corset, et en un clin d'œil, j'eus sous mes yeux une de ces sirènes comme on en voit sur les plus beaux tableaux du Corrège. Je ne pus la contempler plus longtemps sans la couvrir de mes brûlants baisers, et lui communiquant ainsi mon ardeur, elle me fit place à côté d'elle dans son lit. Je sentis qu'il n'était plus temps de raisonner, que la nature parlait et que l'amour exigeait que je saisisse l'instant d'une si douce faiblesse. Je me précipitai sur elle, et mes lèvres collées sur sa bouche, je la pressai dans mes bras amoureux, préludant ainsi au suprême bonheur.

Mais, au milieu de mes brûlants préludes, elle détourne la tête, clot ses belles paupières et s'endort. Je m'éloigne un peu, afin de mieux contempler les trésors admirables que l'amour mettait à ma disposition.

La divine nonne dormait, elle ne pouvait pas feindre le sommeil; mais quand bien même elle n'aurait fait que semblant, pouvais-je lui savoir mauvais gré de cette ruse? Non, certes, car vrai ou feint, le sommeil d'une femme qu'on adore doit être respecté par un amant délicat, sans toutefois se priver des jouissances qu'il permet. Si le sommeil est véritable, il ne risque rien et s'il n'est que simulé, c'est répondre aux désirs qui l'enflamment. Il ne faut que mesurer ses caresses de manière à s'assurer qu'elles sont douces à l'objet aimé. Mais M. M. dormait réellement : le clairet qu'elle avait bu à son repas avait appesanti ses sens, et elle avait cédé à son action sans arrière-pensée.

Tandis que je la contemplais, je m'aperçus qu'elle rêvait ; ses lèvres articulaient des mots que je ne saisissais pas, mais la volupté qui se peignait sur ses traits radieux me fit deviner le sujet de son rêve. Je me collai contre son beau corps sans trop savoir si j'imiterais son sommeil où si je tenterais de la réveiller pour hâter le dénouement de l'action.

Je ne fus pas longtemps incertain, car les mouvements instinctifs qu'elle fit dès qu'elle sentit auprès du sanctuaire de l'amour le ministre qui devait accomplir le sacrifice, me convainquirent qu'elle suivait son rêve et que je ne pouvais que la rendre heureuse en le changeant en réalité. Écartant doucement les obstacles et suivant les mouvements que mes attouchements imprimaient à son beau corps, je consommai le doux larcin et quant à la fin, n'étant plus maître de me modérer, je m'abandonnai à toute la force du sentiment, elle s'éveilla en poussant un soupir de bonheur et disant : — Ah Dieu ! c'est donc vrai !

— Oui, vrai ! délicieux ! Mon ange, es-tu heureuse ?

Pour toute réponse, elle m'enlaça dans ses bras, posa ses lèvres sur les miennes, et là, sans nous séparer, nous attendîmes l'aurore, épuisant toutes les voluptés, irritant nos désirs et ne formant d'autres vœux que de pouvoir prolonger nos jouissances et notre bonheur. — Hélas! mon ami, me dit-elle, que je suis heureuse, mais il faut nous séparer jusqu'à ce soir. Allons! nous causerons de notre félicité en la renouvelant.

Dès que les ombres de la nuit se répandirent dans la ville, je m'acheminai vers la demeure de la bonne paysanne. En arrivant, je trouvai ma belle nonne en habit de religieuse, étendue sur le lit à la romaine.

D'une main leste, je la troussai vivement : j'écartai ses cuisses et en moins d'une seconde, je pris la route du bonheur que j'avais quittée le matin. Nous nous livrâmes ainsi à l'amour jusqu'au lendemain avec une rage, une frénésie impossible à décrire. Après un sommeil de quelques heures, nous nous levâmes.

Je fis alors apporter un excellent déjeuner pour réparer nos forces.

Hélas! une triste nouvelle vint interrompre notre bonheur ; la paysanne vint nous annoncer que deux sœurs converses devaient venir enlever ma religieuse à mes doux transports, et qu'ensemble elles devaient reprendre le chemin du couvent. Huit jours après, elle était partie pour Aix et je m'empressai de m'y rendre afin de la revoir. Dès mon arrivée dans cette ville, j'allai lui faire visite à son couvent.

Elle vint toute seule à la grille.

Après m'avoir exprimé sa reconnaissance de ne l'avoir point oubliée, elle me fit le reproche de venir troubler sa tranquillité.

— Je suis tout prêt, mon cœur, à franchir le mur de ton jardin pour te prouver mon amour.

— Oublions tout, mon cher ami, pour nous épargner des tourments, de vains désirs.

— Donne-moi ta main...

— Non, c'est fini. Je t'aime encore, mais il me tarde de te savoir parti, car Aix fourmille d'espions.

— Mais c'est affreux ce que tu me dis. Tu parais jouir d'une santé parfaite, tu me sembles devenue plus belle et je ne comprends pas qu'avec ton tempérament tu puisses vivre tranquille dans une continuelle abstinence.

— Hélas! à défaut de la réalité, nous nous contentons du badinage. Je ne te cache pas que j'aime une jeune pensionnaire. C'est un amour qui nourrit ma tranquillité. Ses caresses assouvissent un feu qui me ferait mourir si je n'atténuais sa force par des badinages.

— Je partirai donc sans avoir reçu de toi un simple baiser?

— Rien.

— Puis-je revenir demain? Je partirai après-demain.

— Viens, mais je ne descendrai pas seule, je viendrai avec ma petite, cela sauvera les apparences.

Je fus exact au rendez-vous et je me rendis dans le parloir qu'elle m'avait indiqué. M. M. arriva bientôt avec la belle pensionnaire qui me remplaçait imparfaitement dans ses fureurs amoureuses. Elle n'avait pas achevé sa douzième année, mais elle était grande, forte et très développée pour son âge. Elle avait un corset bien fait qui laissait à découvert une poitrine blanche bien formée et sur laquelle l'imagination suppléait facilement les globes qui devaient bientôt l'orner. Cette intéressante tête, d'où pendaient deux superbes tresses d'ébène et cette poitrine faisaient deviner tout le reste.

Je m'entretins un instant avec M. M., puis je demandai son âge à cette belle enfant.

— J'ai treize ans.

— Vous êtes fort jolie, mais votre corset vous serre trop ; il est impossible que vous ayez la taille aussi fine.

— Vous vous trompez, monsieur, car vous pourriez y passer la main.

— Je n'en crois rien.

M. M. la mit alors près de la grille, la tourna de côté et me dit de m'en assurer. En même temps elle lui retroussa la robe.

— C'est vrai, lui dis-je, et je vous fais réparation d'honneur. Mais je maudissais en moi-même la chemise et la grille.

— Je crois, dis-je à M. M., que c'est un petit homme.

Sans attendre la réponse, je travaillai si bien que j'acquis par le toucher la conviction de son sexe et je pus m'assurer que la petite, ainsi que son institutrice, étaient bien aises que j'acquiss cette certitude. Ayant retiré ma main, je donnai un baiser à la petite. M. M. s'absenta un moment, car je l'avais mise dans le cas d'être un instant seule.

J'avais une foule de superbes breloques à mes chaînes de montre, la gentille pensionnaire me demanda si elle pouvait les voir.

— Tant qu'il vous plaira, mon bijou, les voir et les toucher. Je me hâtai de faire perdre à la petite curieuse l'intérêt qu'elle prenait à mes breloques en lui mettant entre les mains un bijou d'une autre nature. Elle ne dissimula point son ravissement ni le plaisir qu'elle trouvait à satisfaire sa curiosité pour un objet tout nouveau pour elle et dont, pour la première fois de sa vie, elle était maîtresse d'examiner les parties en détail. Mais bientôt une effusion du liquide radical changea son examen en surprise et je ne l'interrompis point dans sa ravissante comtemplation. M. M. revint à pas lents, je baissai la toile et je m'assis. Mes montres étaient encore à la hauteur d'appui. M. M. demanda à sa jeune amie si elle avait trouvé les breloques jolies.

La divine nonne dormait... (Page 132.)

— Oui, répondit la petite, mais d'un ton triste et rêveur.

Je racontai à M. M. mes aventures depuis que je l'avais quittée; comme il était trop tard pour finir mon récit ce jour-là, je lui promis de revenir le lendemain à la même heure pour l'achever. Dès que j'eus dîné le lendemain, je me rendis au couvent, où, après avoir fait prévenir M. M., j'allai me placer derrière une grille qui avait une hauteur d'appui très commode.

Bientôt M. M. arriva seule, mais prévoyant mon impatience, elle m'annonça que sa jolie compagne ne tarderait pas à venir.

— Tu lui as mis l'imagination en feu, tu vas voir comment elle s'est vêtue.

— Es-tu bien sûre de sa discrétion?

— Oui, certes, mais je te prie de ne rien lui faire en ma présence; quand je verrai le moment, je m'éloignerai.

— Tu es une divinité, mon cœur, mais tu serais mieux que cela si tu voulais...

— Je ne veux rien pour moi. Mais voilà la jeune adepte, l'air riant, l'œil plein de feu, vêtue d'une douillette courte ouverte par devant et une petite jupe de mousseline brodée qui ne lui dépassait pas le mollet. Elle avait l'air d'une sylphide.

A peine assise, elle me rappela l'endroit où j'avais interrompu mon récit. Je continuai et quand j'en fus à l'instant où je pressais dans mes bras la petite friponne, elle me demanda aussitôt comment j'avais fait pour m'assurer qu'elle était pucelle. La prenant alors à travers la fatale grille, contre laquelle elle vint coller son joli corps, je lui montrai comment j'avais pu m'en assurer et la petite trouva tant de plaisir à ce jeu que, loin d'éprouver aucune souffrance, elle se pâma deux fois en m'embrassant avec transport.

Puis, elle me donna sa main pour me rendre le plaisir que je lui avais donné.

M. M. fit semblant de ne rien voir et la précoce petite essuya sa main avec une sorte de volupté qui décélait combien elle était contente d'elle-même. Puis elle se mit dans la posture la plus séduisante et de façon à rendre nulles les malencontreuses grilles. M. M. me voyant debout se sauva, prévoyant ce qui allait arriver.

— Mettez-vous à genoux sur la hauteur d'appui, me dit la jeune friponne et laissez-vous faire. Lecteur, vous devinez son intention. Bientôt la flèche de l'amour, dirigée par sa main si douce, la pénétra jusqu'au cœur. Loin de souffrir de ce premier sacrifice, elle poussait des soupirs qui dénonçaient toute l'ivresse à laquelle elle était en proie.

La charmante néophyte reçut l'aspersion bienfaisante avec les marques non équivoques d'un plaisir vif et partagé.

Je quittai ces êtres charmants à l'entrée de la nuit, leur promettant de les revoir dans un an; mais en me retirant, je ne pus m'empêcher de réfléchir combien ces asiles, que l'on croit réservés à la prière et à la pureté des mœurs, recèlent de germes de corruption. Sous les verrous, les désirs deviennent frénétiques, et quels désirs que ceux qui naissent du besoin de l'amour! Je partis à la pointe du jour et j'arrivai à Lyon, où je restai fort peu de temps. Deux jours après j'étais à Strasbourg, où je fis le bonheur de mon ancien camarade Bassi, ainsi qu'on le verra dans le chapitre suivant.

CHAPITRE XIV

Mon arrivée à Genève. — Hedvige. — Hélène.
La mère du pasteur.

Je quittai avec regret Chambéry, où je laissais de si doux souvenirs, pour me rendre à Genève.

En arrivant dans cette ville, ma première visite fut pour le pasteur dont j'avais gardé un bon souvenir. Il me reçut comme un vieil ami et me retint à souper.

Ses nièces, qui étaient charmantes, me firent des avances auxquelles je répondis de mon mieux. Elles avaient pour amie une jolie blonde, nommée Hélène, qui, pendant tout le repas, m'embarrassa par ses réparties spirituelles et sa vive intelligence. Comme elle était ma voisine, en me penchant vers elle, je lui demandai comment je devais m'y prendre pour inviter à dîner le pasteur.

— Ce n'est pas difficile : invitez-le tout simplement, et si vous voulez que je sois de la partie, priez-le de m'inviter avec ma mère.

— Pourquoi votre mère ?

— Parce qu'il en a été très amoureux, il y a vingt ans, et qu'il l'aime toujours.

— Et où puis-je faire préparer ce dîner ?

— M. Trochin n'est-il pas votre banquier, d'après ce que j'ai entendu dire ?

— Oui.

— Il a une belle maison de plaisance sur le lac, demandez-la lui pour un jour, il vous la prêtera avec plaisir. Faites cela, mais n'en dites rien au syndic, ni à ses trois amies ; nous le leur dirons après.

— Bien, tout cela sera arrangé demain.

Après le souper, les demoiselles étant allé se coucher, j'entrai dans la chambre de l'aînée. Je savais que tout ce que je pourrais entreprendre pour séduire Hélène me serait inutile ; aussi je me contentai de quelques baisers, après quoi je lui souhaitai une bonne nuit et puis j'allai faire une visite aux cadettes. Je les trouvai dormant profondément et le syndic s'ennuyant tout seul. Je ne l'égayai pas quand je lui dis que je n'avais pu obtenir aucune faveur. Ce malheureux syndic était amoureux d'Hélène et il n'avait jamais pu se faire aimer.

— Je vois bien, me dit-il, que je perdrai mon temps avec cette petite sotte, et je finirai par en prendre mon parti.

— Je crois, lui répondis-je, que c'est le plus court et peut-être ce que vous avez de mieux à faire; car languir auprès d'une belle insensible ou capricieuse, c'est être dupe. Le bonheur ne doit être ni trop aisé, ni trop difficile.

Le lendemain, nous allâmes ensemble à Genève, et M. Trochin se montra enchanté de pouvoir me faire le plaisir que je lui demandais. Le pasteur accepta mon invitation et me dit qu'il était sûr que je serais content de faire la connaissance de la mère d'Hélène. Il est aisé de voir que ce brave homme nourrissait pour cette femme un tendre sentiment, et si elle y répondait un peu, cela ne pouvait que favoriser mes desseins.

La veille du jour fixé pour le dîner à la maison de campagne, j'ordonnai à mon traiteur un repas où rien ne fut épargné. Je n'oubliai pas de lui recommander les meilleurs vins, les liqueurs les plus fines, des glaces et tout ce qu'il fallait pour un punch. Je lui dis que nous serions six, car je prévoyais que M. Trochin serait de la partie. Je ne me trompais pas, car il se trouvait à sa jolie maison, pour nous en faire les honneurs, et je n'eus pas de peine à l'engager à rester.

Le soir, je ne crus pas devoir faire un mystère de ce dîner au syndic et aux trois amies en présence d'Hélène, qui fit semblant de ne rien savoir, disant que sa mère l'avait avertie qu'elle la mènerait dîner quelque part.

— Je suis enchantée, ajouta-t-elle, d'apprendre que ce ne peut être que dans la jolie maison de M. Trochin.

Mon dîner fut tel que pouvait le désirer le gastronome le plus difficile, et Hedvige, une des filles du syndic, en fit réellement tout le charme.

Une particularité qui m'intéressa beaucoup,

pendant le dessert, fut la commémoration que fit le pasteur de son ancienne tendresse pour la mère d'Hélène. Son éloquence amoureuse croissait à mesure qu'il humectait son gosier de vins de Champagne, de Chypre ou de liqueurs des Iles.

La mère l'écoutait avec complaisance et lui tenait tête, tandis que les demoiselles n'avaient bu que sobrement, ainsi que moi. Cependant la variété des boissons et le punch surtout avaient produit leur effet et mes belles étaient un peu grises. Leur gaieté était charmante, mais extrême. Je saisis cette disposition générale pour demander aux deux amoureux surannés la permission de mener promener les demoiselles dans le jardin au bord du lac, ce qui me fut accordé avec empressement. Nous sortîmes bras dessus, bras dessous, et en peu de temps nous fûmes hors de la vue de tout le monde.

— Savez-vous, dis-je à Hedvige, que vous avez gagné le cœur de M. Trochin ?

— Je ne saurais qu'en faire. Au reste, cet honnête banquier m'a fait de sottes questions.

— Vous ne devez pas croire que tout le monde soit en état de vous répondre.

— Il faut que je vous dise que j'ai rencontré peu de personnes qui sachent aussi bien que vous discuter sans vouloir imposer leur manière de voir.

— Je le veux bien ; mais, à propos d'une question à laquelle vous avez répondu avec la plus grande clarté, permettez-moi de vous supposer instruite de la conformation de l'homme.

— Je parlerai clairement, car personne ici ne peut nous entendre ; mais je suis forcée de vous avouer que je ne suis instruite de la conformation d'un homme que par la théorie et la lecture ; du reste, aucune pratique. — J'ai vu des statues, mais je n'ai jamais vu et encore moins examiné un homme véritable. Et toi, Hélène ?

— Moi, je ne l'ai pas voulu.

— Pourquoi pas ? Il est bon de tout savoir.

— Eh bien ! charmante Hedvige, votre théologien, dans la question qu'il vous a posée pendant le dîner, a voulu vous dire que Jésus n'était pas susceptible d'érection.

— Qu'est-ce que cela ?

— Donnez-moi la main.

— Je sens cela et je me l'imaginais ; car sans ce phénomène de la nature, l'homme ne pourrait point féconder sa compagne. Et ce sot théologien prétend que c'est là une imperfection !

— Oui, car ce phénomène dérive du désir ; et, c'est si vrai qu'il ne se serait pas opéré en moi, belle Hedvige, si je ne vous avais pas trouvé charmante, et si ce que je vois de vous ne me donnait pas l'idée la plus séduisante des beautés que je ne vois pas. Dites-moi franchement à votre tour si, en sentant cette roideur, vous n'éprouvez pas un prurit agréable ?

— Je l'avoue, et précisément à l'endroit que vous pressez. Est-ce que tu ne sens pas comme moi, ma chère Hélène, une démangeaison ici, en écoutant le discours très juste que monsieur nous fait ?

— Oui, je la sens, mais je la sens très souvent sans qu'aucun discours l'excite.

— Et pour lors, lui dis-je, la nature vous force à l'apaiser aussi ?

— Point du tout.

— Oh! que si, dit Hedvige. Même en dormant, notre main se porte là par instinct; et sans ce soulagement, j'ai lu que nous aurions d'effroyable maladies.

En continuant cet entretien, nous arrivâmes au bord d'un superbe bassin, où l'on descendait par un escalier de marbre pour se baigner.

Quoiqu'il fît frais, nous avions la tête chaude, et il me vint dans l'esprit de leur proposer de mettre les pieds dans l'eau, leur assurant que cela leur ferait du bien, et que, si elles me le permettaient, j'aurais l'honneur de les déchausser.

— Allons, dit Hedvige, je le veux bien.

— Et moi aussi, dit Hélène.

— Asseyez-vous donc, mesdemoiselles, sur le premier degré.

Les voilà assises, et moi, placé au quatrième degré, occupé à les déchausser, vantant la beauté de leurs jambes et jetant un œil scrutateur au-dessus du genou.

Puis, les ayant fait descendre jusqu'à l'eau,

force leur fut de se trousser et je les y encourageai.

— Eh bien ! dit Hedvige, les hommes ont aussi des cuisses.

Hélène, qui aurait eu honte d'être moins brave que sa cousine, ne resta pas en arrière.

— Allons, mes charmantes naïades, c'est assez ; vous pourriez vous enrhumer en restant plus longtemps dans l'eau.

Elles remontèrent à reculons, se tenant toujours troussées et ce fut à moi à les essuyer. Cette agréable fonction me permit de voir et de toucher tout à mon aise. La belle nièce me disait que j'étais trop curieux, mais Hélène me laissait faire d'un air si tendre et si languissant, que j'eus besoin de me faire violence pour ne pas aller plus loin.

Voyant un pavillon à peu de distance et certain que M. Trochin l'aurait laissé ouvert, je pris mes belles sous le bras, et je les y menai, sans laisser deviner mes intentions.

Ce pavillon était rempli de vases de Chine, de jolies estampes, etc., mais ce qui valait mieux que tout, c'était un large et beau divan préparé pour le repos et le plaisir. Là, assis entre ces deux belles et leur prodiguant des caresses, je leur dis que je voulais leur montrer ce qu'elles n'avaient jamais vu, et en même temps j'exposai à leurs regards l'agent principal de l'humanité. Elles se levèrent pour l'admirer et alors, les prenant chacune d'une main, je leur procurai une jouissance factice; mais dans ce travail une abondante émission de liqueur les jeta dans un grand étonnement.

— C'est le verbe, leur dis-je, le grand créateur des hommes.

— C'est délicieux ! s'écria Hélène, en riant à ce nom de verbe.

— Mais moi aussi, dit Hedvige, j'ai le verbe, et je vais vous le montrer si vous voulez attendre un moment.

— Mettez-vous sur moi, belle Hedvige, je vous épargnerai la peine de le faire venir vous-même, et je ferai cela mieux que vous.

— Je le crois bien, mais je n'ai jamais fait cela avec un homme.

— Ni moi non plus, dit Hélène.

Les ayant placées alors droites devant moi,

et leurs bras m'enlaçant, je les fis pâmer de nouveau. Puis, nous étant assis pendant que de mes mains je parcourais leurs charmes, je les laissai se divertir à me toucher tout à leur aise jusqu'à ce qu'enfin j'humectai leurs mains par une seconde émission de l'humide radical, qu'elles examinaient curieusement entre leurs doigts.

Nous étant remis dans l'état de décence, nous passâmes encore une demi-heure à nous donner des baisers; ensuite je leur dis qu'elles m'avaient rendu à moitié heureux, mais que pour rendre leur œuvre parfaite, j'espérais qu'elles songeraient au moyen de m'accorder leurs premières faveurs. Je leur fis voir alors les petits sachets préservatifs que les Anglais ont inventé pour mettre le beau sexe à l'abri de toute crainte. Ces petites bourses, dont je leur expliquai l'usage, firent leur admiration.

Devenus amis intimes et en bon train de le devenir davantage, nous nous acheminâmes vers la maison, où nous trouvâmes la mère d'Hélène et le pasteur qui se promenaient au bord du lac.

De retour à Genève, j'allai passer la soirée avec les trois amies et j'eus soin de cacher au syndic ma victoire avec Hélène.

Le lendemain, je fis une visite à la mère d'Hélène, et le soir je vis toutes mes beautés réunies au dîner que nous offrait M. Trochin.

Hélène, que j'avais prise à l'écart, m'apprit que sa cousine devait aller souper chez sa mère avec le pasteur.

— Hedvige, ajouta-t-elle, restera, et nous coucherons ensemble, comme cela a lieu chaque fois qu'elle vient souper avec son oncle. Il s'agit de savoir si, pour passer la nuit avec nous, vous pouvez vous résoudre à vous cacher dans un endroit que je vous montrerai demain à onze heures. Venez à cette heure-là faire une visite à ma mère, et je saisirai le moment opportun de vous montrer le gîte. Vous y serez en sûreté.

— Resterai-je longtemps caché ?

— Quatre heures tout au plus.

Le lendemain je fis ma visite à la veuve, et à sept heures Hélène m'introduisit dans un véritable trou, où je connus à l'odeur qu'on y enfermait des jambons et des fromages; puis elle ferma la porte.

Vers dix heures j'entendis le pasteur qui descendit l'escalier et qui recommandait à la mère de bien dormir; puis j'entendis frapper trois petits coups à la porte de ma cachette. J'ouvris, et une main douce comme un satin s'empara de la mienne. Tous mes sens tressaillirent. C'était la main d'Hélène; elle m'avait électrisé, et ce moment de bonheur m'avait déjà payé de ma longue attente.

— Suivez-moi doucement, me dit-elle à demi-voix, dès qu'elle eut refermé la porte. Mais, dans mon heureuse impatience, je la pressai tendrement dans mes bras, en lui faisant sentir l'effet qu'elle faisait sur moi par sa seule présence. — Soyez sage, mon ami, me dit-elle et montons doucement. Je la suivis à tâtons et au bout d'une longue galerie obscure, elle m'introduisit dans une chambre sans lumière, qu'elle referma sur nous; puis elle en ouvrit une autre éclairée, dans laquelle j'aperçus Hedvige presque déshabillée.

Elle vint à moi les bras ouverts dès qu'elle

m'aperçut, et, m'embrassant avec ardeur, elle me témoigna la plus vive reconnaissance de la patience que j'avais eue dans un aussi triste gîte.

— Ma divine Hedvige, lui dis-je, si je ne vous avais pas aimée à la folie, je ne serais pas resté un quart d'heure dans cette affreuse cachette; mais il ne tient qu'à vous de m'y faire passer quatre heures par jour, pendant tout le temps que je resterai ici. Mais ne perdons pas de temps, mes amies, allons nous coucher.

— Couchez-vous tous deux, dit Hélène; moi, je passerai la nuit sur un canapé.

— Oh ! pour cela, ma cousine, s'écria Hedvige, n'y pense pas; notre destinée doit être parfaitement égale.

— Oui, divine Hélène, oui, dis-je en allant l'embrasser, je vous aime également l'une et l'autre, et toutes ces cérémonies ne servent qu'à vous faire perdre un temps précieux, pendant lequel je pourrais vous témoigner ma tendre ardeur. Imitez-moi, je vais me déshabiller et me mettre au lit. Venez vite à mes côtés et vous verrez si je vous aime comme vous méritez d'être aimées.

La prenant alors à travers la grille... (Page 141.)

En un clin d'œil, je me présentai à leurs yeux dans la nudité d'un autre Adam.

Hedvige en rougissait peut-être, et craignant de perdre mon estime par une fausse pudeur, laissa tomber le dernier voile en citant saint Clément, qui dit que la honte ne gît que dans la chemise. Je vantai hautement sa beauté, la perfection de ses formes, dans l'objet d'encourager Hélène, qui se déshabillait lentement ; mais un reproche que lui adressa sa cousine fit plus d'effet que toutes les louanges que je lui prodiguais.

Voilà enfin cette Vénus dans l'état de nature, fort embarrassée de ses mains, couvrant de l'une une partie de ses charmes les plus secrets, de l'autre l'un de ses seins, et paraissant confuse de tout ce qu'elle ne pouvait cacher. Son embarras, ce combat entre la pudeur expirante et la volupté, m'enchantait.

Hedvige était plus grande qu'Hélène, sa peau était plus blanche, sa gorge double de volume ; mais Hélène avait plus d'animation, des formes plus suaves, et sa gorge était taillée sur le modèle de la Vénus de Médicis.

Enhardie peu à peu et mise à l'unisson de sa cousine, nous passâmes quelques instants à nous admirer; puis nous nous couchâmes. La nature parlait impérativement et nous ne demandions qu'à la satisfaire. Je mis bientôt Hedvige au rang des femmes, et quand le sacrifice fut achevé, elle me dit, en me couvrant de baisers, que le moment de la douleur n'était rien en comparaison du plaisir.

Hélène, plus jeune qu'Hedvige de six ans, eut bientôt son tour; mais la plus belle toison que j'ai jamais vue opposait quelque obstacle : elle l'écarta de ses deux mains, et, jalouse des succès de sa cousine, quoiqu'elle ne pût être initiée à l'amoureux mystère sans une douloureuse effraction, elle ne poussa que des soupirs de bonheur, répondant à mes efforts et semblant me défier de tendresse et d'ardeur. Ses charmes et ses mouvements me firent abréger le sacrifice, et quand je sortis du sanctuaire, mes deux belles virent que j'avais besoin de repos.

L'autel fut purifié du sang des victimes, et une salutaire ablution fut faite en commun, enchantés de nous servir réciproquement.

Nous nous remîmes en train; mais, connaissant ma nature et les trompant à volonté, je les comblai de bonheur pendant plusieurs heures, passant cinq ou six fois de l'une à l'autre avant d'épuiser ma force et d'arriver au paroxysme de la jouissance. Dans les intervalles, les voyant dociles et désireuses de tout connaître, je leur fis exécuter les postures les plus difficiles de l'Arétin, ce qui les amusa au delà de toute expression.

Nous prodiguâmes nos baisers à tout ce qui faisait notre admiration; et, dans un moment où Hedvige collait ses lèvres sur la bouche du pistolet, la décharge partit et inonda son visage et son sein. Elle en fut toute joyeuse, elle trouva cette éruption merveilleuse. La nuit nous parut courte, quoique nous n'en eussions point perdu une minute, et le matin avant l'aube, il fallut nous séparer.

Les jours suivants nous renouvelâmes nos doux jeux; Hélène, plus voluptueuse que sa cousine, se pâmait comme une colombe et s'animait de nouveau pour mourir l'instant d'après. J'admirai cette fécondité étonnante, quoique assez commune; elle passa quatorze fois de la vie à la mort pendant le temps que je mis à une seule opération. Il est vrai que j'étais à ma sixième course, et que pour jouir de son bonheur, je ralentissais quelquefois mon élan.

Le jour suivant j'embrassai le syndic et ses jeunes amies et je partis pour Londres en leur promettant de revenir bientôt. Mais, selon mon habitude, je me laissai dériver au courant de la vie, sans jamais songer à en remonter le cours et sans jeter un regard en arrière, oubliant le passé et ne songeant qu'à jouir du présent.

CHAPITRE XV

Voyage en Angleterre. — La dame hanovrienne et ses filles. — Mon voyage en Russie. — Zaïre.

Le jour de mon arrivée à Londres, je fis la rencontre d'un nommé Goudard, que j'avais connu à Paris. C'était un homme adroit au jeu et très habile en affaires. Il me présenta à une dame veuve originaire du Hanovre, qui avait cinq filles, toutes plus séduisantes les unes que les autres. La plus âgée n'avait pas plus de dix-sept ans; elles étaient en compagnie d'un individu à mine suspecte.

— Diable, dis-je, serait-ce par hasard un m......au.

Goudard s'approcha de l'inconnu ; ils se parlèrent à l'oreille, et mon homme s'en revint en me disant :

— C'est un recors qui va conduire la vieille en prison si elle ne paie les vingt guinées qu'elle lui doit.

Mon rôle de consolateur devenait très facile, grâce aux sacrifices de quelques guinées. Sarah, ainsi se nommait l'aînée, me témoigna toute sa gratitude pour le service que je lui rendais.

Je pris ensuite congé de cette pauvre famille, dans l'espoir que le bien que j'avais fait ne resterait pas sans récompense. J'étais décidé à aborder franchement la question.

Le lendemain de ma visite, vers cinq heures, Sarah arrive tout en pleurs dans ma chambre et se jette à mes pieds. Pour toute réponse, je dépose vingt guinées sur la table et lui montre le lit. Mais elle tourne le dos avec dédain et s'enfuit. Le lecteur qui trouverait mon procédé blessant, m'excusera lorsqu'il saura que j'avais déjà été dupe de plusieurs miladys, qui m'avaient exploité.

Le soir, Goudard m'apprit qu'un créancier plus intraitable que celui que j'avais vu avait fait emprisonner la vieille. J'eus un remords ; ma conduite me parut cruelle, et j'allais sortir pour porter secours aux infortunées, quand je les vis entrer toutes les cinq.

Aussitôt je fais monter un bon dîner. Mais les demoiselles sont tristes ; c'est à peine si elles effleurent les mets, et elles ne boivent que de l'eau. Sentant bien qu'elles ne seraient bonnes à rien, je les prie poliment de se retirer. Elles sortent, et je me mets au lit. J'y étais à peine quand l'aînée reparaît :

— Que ferez-vous pour nous si je me livre à vous cette nuit, monsieur ?

— Je vous remettrai vingt guinées et vous entretiendrai tant que vous serez à moi seul.

Alors, sans rien me dire, elle se déshabille et vient se placer à mes côtés. Je lui enlève le dernier voile et je la contemple. Elle me prie d'épargner sa pudeur et d'éteindre les bougies.

— Acceptez cinq guinées de plus pour vos sœurs et laissez-moi jouir de votre vue.

Je la trouve docile : elle se place dans toutes les attitudes, et le sacrifice est consommé quatre fois ; mais elle se laisse faire plutôt qu'elle ne prend part à l'action. Je tâche de l'échauffer par mes embrassements ; c'est en vain. C'est une statue que j'étreins, et ce beau corps est froid et mort comme un marbre.

— Sarah, lui dis-je, vous avez gagné votre argent, le voici. Partez, je ne veux plus voir, ni vous ni vos sœurs ; votre conduite m'a affligé ; vous n'avez rien donné à mon amour ; vous vous êtes prostituée ; honte sur vous !

Elle s'habilla sans sourciller et s'enfuit. Le lendemain, à sept heures, je me sens doucement réveillé, et que vois-je ? Victorine, la sœur cadette.

— Ayez pitié de moi, monsieur ; nous sommes tous sans asile ; ouvrez-nous votre maison, et je ne serai pas ingrate. Ma sœur m'a dit que vous ne vouliez plus nous revoir ; j'ai compris que vous n'aviez pas été content d'elle ; mais vous devez l'excuser, car elle aime un jeune Italien emprisonné pour dettes.

— Vous aimez sans doute aussi quelqu'un ?

— Monsieur, je n'aime personne.

— C'est-à-dire que votre cœur est disponible. Voyons un peu.

Je l'attire vers moi, je l'embrasse, je la déshabille. Victorine ne ressemble pas à Sarah. Elle est toute flamme, feu et nerfs. Je lui livre deux assauts dans une posture différente ; elle en demande une troisième, et je me pâme dans ses bras au milieu d'une abondante éjaculation.

— Victoire à toi, mon ange !

— Aussi je m'appelle *Victorine !*

— Tu peux faire venir ici toute ta famille, et je vais m'occuper de délivrer ta mère. En attendant, prends ces vingt guinées.

Me voilà donc avec tout ce monde sur les bras ; on m'amène le vieux comte, que je ne connais pas et qui était le prétendu père de ces belles nymphes. La vieille comtesse arrive aussi.

Je ne m'arrêtai pas en si beau chemin et je fis élargir l'amant de Sarah, qui, en le revoyant, faillit m'accorder de suite ce qu'elle m'avait d'abord refusé.

Un matin que Victorine et moi étions au beau milieu d'une lutte amoureuse, je vois une jolie tête blonde qui se glisse entre mes rideaux : c'était Augusta, la troisième sœur.

— Et moi, vous ne m'aimez donc pas, me dit-elle ? Aussitôt Victorine se jeta dans la ruelle et fait place à sa sœur.

Enlacé dans les bras de ces deux voluptueuses filles, je parcourus toute la gamme des transports amoureux.

Je ne me flatte pas d'avoir eu leurs prémices, mais je puis dire que rien en elles n'indiquait l'habitude de la débauche : elles s'abandonnaient naïvement au feu de leur tempérament.

Dans un moment de délire, Augusta me dit :

— On donnerait volontiers sa vie pour une journée de ces délices, mais je n'aime pas les intervalles.

Comme elle saisissait avec à-propos les situations les plus propices, je dis à Victorine :

— Qui donc t'a si bien instruite ?

— L'imagination d'une fille de quinze ans, me répondit-elle, devance toute expérience. Quant à moi, il n'y a pas une de ces voluptés que je n'aie déjà goûtée en imagination.

— La réalité ne vaut elle pas mieux ? lui dis-je en l'étreignant plus amoureusement encore.

— Oui, mais c'est trop court.

Ces jeunes demoiselles étaient pour mon palais émoussé autant de délicats ragoûts qui en réveillaient la sensualité.

Un jour que je devais monter à cheval, Augusta me dit que sa jeune sœur Hippolyta serait heureuse de m'accompagner.

Je dis à Augusta que je procurerais volontiers ce plaisir à sa sœur, mais qu'il lui fallait un costume.

J'envoyai chercher mon tailleur et remis notre partie au lendemain ; il lui prit mesure devant moi et je la trouvai au moins aussi belle que les autres. Je lui adressai quelques plaisanteries innocentes qu'elle prit fort bien, car le soir elle vint dans ma chambre de son propre mouvement. Au moment même où Augusta se déshabillait, où plutôt que je la déshabillais, je me trouvais derrière elle dans une de ces positions qui n'exigent guère de témoin.

— Allez toujours, dit Hippolyta, je ne vois rien.

— Qui t'empêche de regarder, lui dit sa sœur.

Quand tout fut fini, Augusta me dit :

— Ma sœur vous aime, et je veux lui céder ma place pour cette nuit.

La petite se fit un peu prier, mais enfin elle consentit.

Et de quatre !

Comme je rentrais de la promenade avec Augusta, la plus jeune des demoiselles, Gabrielle, charmante enfant de quatorze ans, dit à sa sœur :

— Tu es bien heureuse d'aller à cheval ; moi on me laisse à la maison.

Je m'approchai d'elle aussitôt, et lui dis que je lui procurerai un beau cheval, si sa mère lui permettait de m'accompagner.

— Maman n'a rien à me refuser, mais il me faut une toilette d'amazone.

— Si vous voulez me suivre dans mon cabinet, je vous montrerai une culotte de velours jaune et une veste amaranthe, qui vous iront à merveille.

La petite regarda sa sœur comme pour lui demander s'il fallait accepter ; l'autre lui fit un signe affirmatif, et Gabrielle me suivit.

Aussitôt entrés, je lui dis de se déshabiller. Elle rougit un peu.

— Ne voulez-vous pas essayer ce costume?

— Il n'est pas convenable à une demoiselle de se mettre nue devant un homme.

— Cela ne vous est jamais arrivé?

— Jamais.

— Est-ce bien vrai ?

— Je vous le jure.

— Voulez-vous permettre que je m'assure par mes propres yeux ?

— Quel témoignage croirez-vous si vous n'ajoutez pas foi au mien ?

— J'en connais un qu'on ne saurait révoquer en doute : vous allez vous placer sur mon lit et vous me laisserez regarder entre vos jambes.

— C'est à ce prix seulement que vous me permettrez de vous accompagner à cheval ?

— Je ne fais pas une condition de ma promesse, je vous demande cela comme une faveur.

— Très volontiers.

Vérification faite, je jugeai que Gabrielle n'avait pas menti; mais, pour ne conserver aucun doute à cet égard, une autre expérience devenait nécessaire.

— Gabrielle, lui dis-je, vous m'avez donné une grande preuve de confiance, mais j'aurais préféré la recevoir en qualité d'amant.

— Que voulez-vous dire ? Souhaiteriez-vous de devenir mon amant, par hasard ?

— C'est le plus cher de mes vœux.

— Que ne le disiez vous plus tôt ? mes sœurs répètent toute la journée que de tous les bonheurs de ce monde, le premier, c'est d'avoir un amant.

— Et vous en désirez un ?

— Certainement.

— Vous l'aimerez ?

— Sans doute, si c'est vous, car je vous aime déjà.

— Et vous ne lui refuserez rien !

— Hélas, je suis bien pauvre...

— Vous ne me comprenez pas, Gabrielle; ce qu'un amant exige de celle qu'il préfère, c'est...

— C'est ?... Achevez.

Ici j'eus recours à un langage muet pour lui apprendre ce que j'attendais. Elle reçut ma leçon en docile écolière, et Augusta vint bientôt remplacer cette nouvelle débutante dans l'art d'aimer.

En moins de cinq semaines, j'avais dépensé avec mes belles tout l'argent que je possédais. Telle était ma situation lorsque Victorine vint m'annoncer que sa mère partait pour le Hanovre et qu'elle les emmenait. La vieille comtesse m'apprit que ses biens lui étaient rendus et qu'elle serait heureuse de me recevoir dans ses terres.

Je lui promis d'aller la voir avant son départ.

Je fus fidèle à ma promesse, et ce fut en versant d'abondantes larmes que mes cinq belles amies m'embrassèrent pour la dernière fois.

Je ne devais pas non plus faire long séjour à Londres. Les mœurs et les habitudes du pays m'étaient antipathiques; ce fut avec un véritable plaisir que je m'embarquai trois jours après à Douvres pour me rendre à Saint-Pétersbourg. J'arrivai d'abord à Calais, je passai une nuit à l'hôtel du *Bras-d'Or*, puis je repris ma route vers le Nord. En passant par Bruxelles, j'y trouvai une lettre de M. de Bragadin, mon protecteur. Il ne m'avait jamais abandonné dans les moments difficiles de ma vie aventureuse, et ce fut sans étonnement que je retirai de la lettre un effet de deux cents ducats de Hollande. Aussitôt je me dirigeai sur Brunswick. Le baron de Treudel, ayant perdu une assez forte somme au jeu, me donna des lettres de crédit pour son banquier de Saint-Pétersbourg. Sans perdre de temps, je partis pour la Russie, saisissant l'occasion qui m'était offerte de connaître les mœurs de ce pays curieux.

Dès mon arrivée à Saint-Pétersbourg, je me rendis chez Zinowieff, auquel j'étais recommandé. Ce dernier me reçut assez bien, quoique son abord fut glacial. Je l'invitai à souper, et bientôt mon hôte s'égaya et me proposa une promenade en traîneau.

J'acceptai son offre avec empressement. En chemin, nous fîmes la rencontre d'une jeune fille d'une rare beauté et d'une timidité excessive, car, à notre aspect, elle prit la fuite. Nous

Voilà enfin cette Vénus dans l'état de nature. (Page 158.)

entrâmes sur ses pas dans la hutte où elle s'était réfugiée, et nous trouvâmes là son père et toute sa famille. La belle fille s'était réfugiée dans un coin et nous regardait avec anxiété. Zinowieff engagea la conversation avec le père. Je compris qu'il était question de la petite fille ; car, sur un geste de son père, la pauvre enfant accourut avec soumission. Au bout d'un quart d'heure, nous quittâmes la hutte en laissant quelques roubles pour les enfants. Alors Zinowieff m'informa qu'il avait proposé au père de lui acheter sa fille et que l'autre y avait consenti.

— Combien veut-il en échange de ce bijou ?

— Un prix exorbitant : cent roubles, parce qu'elle est pucelle. Vous voyez qu'il n'y a rien à faire.

— Comment rien à faire ? C'est pour rien.

— Vous seriez disposé à donner cent roubles pour cette petite ?

— Certainement. Mais consentira-t-elle à me suivre et à m'accorder ?...

— Il le faudra bien ; d'ailleurs, une fois qu'elle sera en votre pouvoir, si la raison ne la persuade pas, vous êtes parfaitement libre de faire agir Martin-Bâton.

— Ainsi, malgré sa répugnance, je peux l'obliger de demeurer avec moi tout le temps que je voudrai ?

— Sans nul doute ; à moins qu'elle ne restitue les cent roubles.

— Si je la garde, quels gages dois-je lui donner ?

— Pas un sou : la nourriture seulement, et la faculté d'aller au bain chaque samedi et le dimanche à l'église.

— En quittant Saint-Pétersbourg, me sera-t-il permis de l'emmener ?

— Avec une permission, oui, et sous une garantie pécuniaire ; car, avant d'être votre esclave, cette jeune fille est celle de l'Impératrice.

— C'est tout ce que je voulais savoir. Voulez-vous bien vous charger de conclure avec le père ?

— A l'instant même, si vous le voulez, et si vous désirez un harem, vous n'avez qu'à parler ; les belles filles ici ne manquent pas.

Je lui remis les cent roubles et nous entrâmes

chez le paysan. La proposition que lui fit Zinowieff, en mon nom, rendit ce brave homme muet de joie et d'étonnement. Il s'agenouilla et fit une prière à Saint-Nicolas ; ensuite, il donna la bénédiction à sa fille et lui dit quelques mots à l'oreille ; la petite me regarda en souriant, et dit : *Volontiers*.

Nous allions nous éloigner avec notre proie, quand Zinowieff me dit :

— Eh bien ! vous n'examinez pas la marchandise ; il est stipulé au contrat que vous la payez *pucelle*, voyez donc si elle l'est.

— Il m'est impossible de m'en assurer ici.

Je répugnais, en effet, de faire subir à Zaïre (c'est le nom de la jeune fille) l'outrage d'un pareil examen.

— Bah ! répondit Zinowieff, cela fera le plus grand plaisir à la petite, c'est une attestation de bonne vie et mœurs que vous lui donnerez par devant parents.

Alors je pris place sur une chaise, et, saisissant Zaïre qui se laissait faire, je trouvai que le père avait dit la vérité.

Zinowieff jeta les cent roubles sur la table. Le

contrat de vente fut signé, et je fis monter près de moi, dans le traîneau, ma précieuse acquisition vêtue d'un drap grossier, sans bas ni chemise.

De retour à Pétersbourg, je m'enfermai avec Zaïre, que je ne quittai pas pendant quatre jours. Je la décrassai de mon mieux et l'habillai à la française. C'est dans ce costume que je la conduisis au bain public, où je trouvai cinquante ou soixante personnes, hommes et femmes, nus comme la main, qui, ne regardant personne, se figuraient sans doute ne pas être regardés. Était-ce manque de pudeur ou innocence primitive! Je laisse au lecteur à deviner. Pour moi, je trouvai étrange que pas un homme n'arrêtât ses yeux sur Zaïre, type frappant de la Psyché que j'avais vue à la villa Borghèse. Elle en avait la suave mollesse. Son buste offrait les mêmes contours encore indécis; car Zaïre avait treize ans à peine; on ne trouvait sur sa gorge peu développée aucun signe de l'âge nubile. Blanche comme la neige, sa chevelure de jais ajoutait à l'éclat de son teint frais et animé. J'étais réellement amoureux de cette petite fille, et sans les emportements de sa jalousie, je ne m'en serais jamais séparé.

Dans les commencements, mes tête-à tête avec ma Russe étaient assez insignifiants ; nous nous expliquions par gestes, et à la longue on se fatigue de cet exercice, qui n'est agréable que dans les moments les plus vifs. Ardente comme les cavales du désert, ma Zaïre, au milieu des convulsions du plaisir, me lançait quelquefois certaines syllabes de son dialecte tartare, dont j'aurais pu rire dans toute autre occasion. J'avais beau me casser la tête sur une grammaire russe, mes lèvres se refusaient à prononcer distinctement un seul mot de cette langue de taureau. Heureusement qu'en moins de deux mois Zaïre sut assez d'italien pour me tenir tête. C'est alors que sa tendresse pour moi prit le caractère d'une véritable frénésie. C'est vers ce temps que je reçus la visite d'un jeune Français nommé Crèvecœur. Il arrivait de Paris avec sa maîtresse, Mlle Larivière. Pendant qu'il me racontait ses aventures, entra un certain Bombeck, que ses dettes avaient chassé d'Angleterre.

Il menait grand train à Saint Pétersbourg, et

comme il aimait le jeu, le vin et les femmes, je jugeai que c'était une connaissance toute trouvée pour Crèvecœur dont la bourse était à sec. Bombeck prit feu sur-le-champ pour Mlle Larivière, qui semblait l'encourager; bref, l'entretien se termina par une invitation à dîner chez Bombeck pour le lendemain.

Zaïre et moi, nous étions aussi de la partie. J'aurais préféré la laisser à la maison; mais, à mon retour, j'aurais eu pour trois heures de cris, de larmes et de convulsions, ce qui me mettait dans la nécessité de lui caresser l'échine à coups de bâtons, selon la mode russe; alors ma Zaïre devenait tendre et soumise, et notre réconciliation se terminait toujours en faisant la *bête à deux dos*.

Ce jour-là j'emmenai Zaïre, et notre partie fut tout à fait amusante. Le lendemain, nouvelle partie; mais, cette fois, je défendis à Zaïre de m'accompagner. Lorsque j'arrivai chez Bombeck, Crèvecœur et sa maîtresse étaient déjà à table avec des officiers russes, les deux frères de Lunin.

Le plus jeune, blond, délicat et joli comme

une demoiselle, était l'ami intime de M. de Teploff, secrétaire du cabinet; on dit qu'il s'était acquis cette amitié fructueuse en se prêtant avec complaisance au caprice du noble comte. Je pris place à ses côtés, et il me prodigua tant de tendresse que je le pris pour une jeune fille déguisée. Comme je lui manifestai mes soupçons, le jeune fou se déshabilla sur-le-champ et nous étala ses singuliers charmes. Vers le soir parurent d'autres convives et on dressa un pharaon. Après avoir gagné quelques roubles, je rentrai chez moi aussi chaste qu'à ma sortie.

En entrant dans ma chambre, Zaïre, qui m'attendait, me lança une bouteille à la tête. Je n'eus que le temps de me baisser pour éviter le projectile, qui alla se briser contre la muraille. Zaïre se laissa tomber ensuite à la renverse, se roula dans d'affreuses convulsions et frappa le plancher avec sa tête. Je courus à elle, je la pris dans mes bras, j'étais convaincu qu'elle était devenue folle. Cependant, sa folie prit une autre direction ; elle me chargea d'invectives et me jeta au visage un jeu de cartes où elle venait de lire mon infidélité.

Pour toute réponse je m'emparai des cartes que je jetai au feu, et signifiai à la petite que je ne voulais plus rester avec elle, puisqu'elle voulait me tuer. Là-dessus je me mis au lit et me voilà endormi. A mon réveil je la trouvai pleurant à mon chevet, implorant sa grâce. Alors ma colère s'évanouit; je la mis sur moi dans une posture des plus lascives, et je lui donnai ces témoignages d'affection qui plaisent tant aux femmes. Pendant un mois, j'entourai Zaïre des attentions les plus délicates; malgré cela, ma petite Tartare s'aperçut de la tiédeur de mon amour; elle prévoyait que je la donnerais à un autre, et elle était curieuse de connaître son nouveau maître.

L'architecte Rinaldi était fort épris de la petite; il m'avait souvent répété que s'il me plaisait de la lui laisser, il me payerait le double de ce qu'elle m'avait coûté. Je lui répondis que je ne laisserais Zaïre qu'à un homme qui lui plairait. Rinaldi avait soixante-douze ans et Zaïre l'accueillit assez bien, en disant qu'elle se conformait à mes ordres. Puis, elle fit ses paquets, et nous partîmes tous pour Catherinenhoff. En nous apercevant, les parents de Zaïre se mirent à nos pieds. Rinaldi compta deux cents roubles à la famille, et tout fut dit. Ma petite Tartare m'embrassa tendrement sur les lèvres et je partis. Quelques jours après, j'eus la satisfaction d'apprendre que Zaïre était *Rinaldisée :* pauvre enfant ! Le vieux richard fit son bonheur ; elle l'enterra quelques années après.

CHAPITRE XVI

Je retourne en Italie. — Mon arrivée à Bologne Le juif Mardochée et ses filles. — Départ pour Trieste. — Madame Léo.

Je désirais vivement revoir ma patrie; j'avais assez d'argent pour franchir avec rapidité la distance qui me séparait de mon pays. En arrivant à Bologne, je descendis à l'hôtel Saint-Marc. Après une visite de précaution faite au comte Marulli, le chargé d'affaires toscan, je me rendis chez le cardinal-légat Brancaforte. Je l'avais connu à Paris lors d'une mission qui n'avait rien d'apostolique. A l'époque de la naissance du duc de Berry, Benoît XIV avait chargé le cardinal de présenter à la cour de Versailles des linges bénits pour l'enfant royal. Le petit prince (depuis Louis XVI) reçut ce jour-là la bénédiction des deux plus grands paillards de l'univers, l'un son aïeul, et l'autre mon bon cardinal Brancaforte, qui ne sortait pas des bordels. Ce cardinal avait un vice qui m'a toujours paru ignoble; il était soupçonné de *pederastie*, vil penchant qui s'accroît avec l'âge; à Bologne, la maison de monseigneur foisonnait de bambins.

Un jour, une jeune Padouane, qui l'avait pour confesseur, lui avoua au tribunal de la pénitence que son mari avait pris avec elle certaines privautés défendues par le code nuptial. Le luxurieux cardinal tint fort longtemps sa pénitente sur ce sujet scabreux. Avant de donner l'absolution, il voulut avoir les détails les plus circonstanciés; à chaque renseignement, dévoré de concupiscence, il s'écriait : « C'est énorme, c'est monstrueux. Ah ! ma fille, vous avez commis un péché abominable, mais c'est *une bien jolie chose.* »

Voici une autre aventure dont il est le héros et dont je fus le témoin. Pendant la semaine sainte, Brancaforte confessait chez lui de concert avec son secrétaire, l'abbé Barnetto. Un jour, il fut fort étonné de voir qu'une dame tout en larmes, sortant du confessionnal de Barnetto, venait se jeter à ses pieds. L'émoi de la dame provenait d'un refus d'absolution. Elle s'était accusée d'avoir laissé son époux user de ses droits dans une certaine posture sévèrement défendue par les statuts de l'Église catholique. L'abbé Barnetto, le plus innocent et le plus borné des hommes et, de plus, sourd comme un pot, avait mal compris ou mal entendu, et s'imaginant à tort que sa pénitente était coupable de la *jolie chose*, l'avait renvoyée sans absolution. Brancaforte, mis au fait et trouvant le cas fort innocent, sortit comme un furieux de son confessionnal et, s'approchant de Barnetto qui venait de quitter le sien, il lui cria aux oreilles :

— Apprends donc à f....., grosse bête !

Je vous laisse à deviner, cher lecteur, si le secrétaire fut ahuri de l'apostrophe. Je restai fort peu de temps à Bologne, la vie paisible et retirée que je menais ne pouvait longtemps me convenir. Mon intention était de me rendre à Ancône et de là à Trieste. Je louai à cet effet une voiture attelée d'un cheval vigoureux et je partis dès la pointe du jour.

Au moment d'entrer à Ancône, le conducteur de la voiture vint me prier de laisser monter à mes côtés un juif qui le payerait bien. Je refusai d'abord, puis je me laissai gagner peu à peu et je fis place à ce juif, qui se nommait Mardochée.

— Mon ami Mardochée, lui dis-je, avez-vous des enfants ?

— Cinq garçons et sept filles.

— J'irai loger chez vous pendant mon séjour à Ancône.

La famille de l'honnête israélite me traita comme un patriarche. Ce juif avait plusieurs filles, mais les deux aînées captivèrent plus particulièrement mon attention.

L'une et l'autre étaient promises à deux jeunes marchands de la ville, juifs comme leur père, petits, cagneux et laids comme lui.

Lina et Rachel détestaient leurs prétendus. Dès notre première réunion du samedi, jour du sabbat, j'acquis des preuves suffisantes de cette aversion, et je dressai mes plans en conséquence.

Rachel et Lina ne se quittaient jamais, se faisant toutes sortes de confidences, ayant juste assez de liberté pour en abuser. Vieux renard établi dans le colombier, je tendis mes pièges aux colombes; tout autre à ma place en eût fait autant.

Rachel avait seize ans, une petite taille rondelette, un petit pied, des yeux langoureux et pudiques, une petite bouche, de longs cheveux noirs et une gorge qui promettait.

Mettez deux ans de plus, une taille plus haute, des formes plus arrêtées, un regard plus ardent, un sourire plus agaçant, une bouche plus sensuelle, et vous aurez le portrait de Lina.

Toutes deux me convenaient, mais sans l'une je n'aurais pas eu l'autre. Lina, l'aînée, plus avancée et plus instruite, servit tous mes desseins sur la cadette, sans le vouloir et presque sans le savoir; l'une se donna par tempérament, l'autre par surprise de ses propres sens; Lina était ardente et coquette; Rachel naïve et crédule.

Ce fut une belle nuit que celle que je passai

entre les bras de ces jeunes filles, si bien faites pour l'amour. Épuisé par de nombreux assauts, leurs brûlantes caresses et leurs gestes lascifs me rendirent la force dont j'avais besoin pour assouvir leur volupté frénétique.

Comme j'étais passé maître dans les jeux de l'amour, je consommai de nouveau avec elles le sacrifice dans les poses les plus érotiques. Vers cinq heures du matin, alors que le jour inondait la chambre d'une lueur incertaine, nous étions encore endormis, entrelacés les uns aux autres comme dans l'agonie de la jouissance suprême !

Ce fut là ma double et dernière bonne fortune, j'en eus le pressentiment. Je quittai Ancône le 13 novembre, après un séjour de deux mois ; au bout de vingt-quatre heures de navigation, j'entrai à Trieste.

Je descendis dans le premier hôtel de la ville ; l'hôte me demanda mon nom, parut réfléchir et m'assura que je serais bien traité.

Ma première visite fut pour M. de Morosini, qui ne put s'empêcher de rire en voyant tous mes frais de costume.

A peine lui eus-je exposé les raisons de mon séjour à Trieste et mon désir de revoir Venise, qu'il me promit de s'employer de tout son pouvoir pour m'obtenir le pardon du redoutable tribunal dont j'avais encouru la disgrâce depuis dix-sept ans.

Je fis tout ce qui dépendait de moi pour rendre mon séjour à Trieste des plus agréables et pour vivre avec toute l'économie que comportait l'état de mes affaires.

Je n'avais plus que quinze sequins de rente par mois; j'approchais de la cinquantaine et j'avais renoncé au jeu, mais non pas à l'amour. Pour épargner ma bourse, je mangeai régulièrement chez ceux de mes amis qui m'avaient invité une fois pour toutes : c'étaient particulièrement les consuls de Venise et de France.

Vers la fin du carnaval, me trouvant au bal qui se donnait dans la salle du théâtre, je fus abordé par un masque déguisé en arlequin.

— Tu es Giacomo Casanova ? me dit-il.

— Tu ne m'apprends rien de nouveau.

— Pourquoi es-tu ici ?

— Pour te faire parler.

Au même instant sa colombine, me tirant par le bras, me dit en me menaçant du doigt :

— Ah ! je te reconnais !

— Par Dieu ! ce n'est pas difficile. Lève un peu ton masque, peut-être en dirai-je autant.

— Tu es un vieux *drôle*, qui viens ici pour séduire quelque fille.

— Certainement, mais je n'en vois pas de séduisante.

— De la discrétion, c'est très bien. Parle franchement : quelle est la dame qui t'amène ici ?

— Ce sera toi, si tu le veux.

— Tu serais bien attrapé si je te prenais au mot.

— Essaie.

Alors, s'approchant de mon oreille, la colombine me dit :

— Dans une demi-heure, sous le grand lustre.

Au moment où le couple me quittait, Saint-Sauveur, le consul de France, m'aborde en riant :

— Vous connaissez ces deux masques ! la fille est fort jolie.

Aussitôt entrés, je lui dis de se déshabiller. (Page 171.)

— Tant mieux, car elle m'a donné rendez-vous.

— Quant au jeune homme, c'est un cavalier fort aimable; que vous a-t-il dit à l'oreille?

— Comment! Arlequine est l'homme, et Arlequin la femme? Jamais métamorphose ne fut plus trompeuse.

— Je vous assure qu'Arlequin est fait pour vous intéresser sous ses habits de fille.

Effectivement, j'eus l'occasion de m'en convaincre avant la fin du bal. Le consul m'ayant offert de me présenter dans la famille de ces jeunes gens, qui étaient frère et sœur, je m'y fis conduire le second jour de carême. C'est ainsi que je fis la connaissance de Mme Léo, femme d'esprit et fort aimable avec toutes ses jolies faiblesses. Elle était mariée ou veuve, et avait cinq filles fort agréables. Arlequin fixa toute mon attention. J'en devins amoureux, vieille histoire, mais cette fois sans épisode.

Ne pouvant me dissimuler que j'avais trente ans de plus que cette jeune personne, je me bornai à lui témoigner toute la tendresse d'un père. Je crois cependant que les caresses que je lui prodiguai n'avaient pas essentiellement le caractère paternel. Cependant, en lui donnant des preuves de ma passion d'amant, mes exigences, très pudiques, n'eurent rien de ridicule. Après les fêtes de Pâques de l'année 1773, le comte d'Auersberg, alors gouverneur de Trieste, fut appelé à Vienne, et le comte de Wagensberg vint commander la place.

La comtesse Lautieri, fille aînée du nouveau gouverneur, était belle comme un ange; elle alluma dans mon cœur un amour qui eût fait mon malheur, si je n'avais pas eu assez de force pour le déguiser sous les apparences du plus profond respect. Je célébrai l'arrivée du comte dans un poème que je fis imprimer. Cet opuscule lui plut. Le comte me donna publiquement le titre d'ami et me chargea de résoudre une difficulté politique et commerciale existant entre Trieste et Venise.

Un mois après, j'envoyai mon rapport; le succès le plus inespéré vint couronner mes efforts. Je reçus une gratification de cent ducats et une pension mensuelle de dix sequins. C'était d'un heureux présage pour l'avenir.

J'espérais bien recouvrer ma grâce avant la fin de l'année et rentrer à Venise.

Au commencement de l'été je fus le héros d'une petite aventure qui amusa beaucoup la ville. J'avais fait connaissance, chez M. Motin, d'un comte Stasalvo, assez joli garçon, ami du plaisir et de la dépense, mais fort pauvre et par conséquent criblé de dettes ; c'est au point qu'il ne se montrait plus qu'à cheval dans les rues de Trieste pour échapper plus promptement aux poursuites de ses créanciers.

Aimable, spirituel, poli et sachant bien vivre, le comte recevait souvent; j'avais dîné plusieurs fois chez lui en compagnie du consul et de Pittoni. Il avait à son service une jeune paysanne de Corinthie que nous trouvions tous fort charmante, mais dont je me serais bien gardé d'approcher, sachant qu'il en était amoureux et fort jaloux. Malgré mes désirs d'en conter à la demoiselle, je m'étais plié à la circonstance; je l'admirais et la complimentais devant son maître, en le félicitant de posséder un tel trésor, mais je ne lui avais jamais rien dit en tête-à-tête. Stasalvo fut mandé à Vienne par le comte d'Auersberg, son parent, qui l'aimait et qui le fit nommer capitaine du Cercle, en Pologne ; il avait fait vendre son mobilier en secret et se trouvait à la veille de partir en brûlant la politesse à ses créanciers. Nous pensions tous qu'il amènerait sa belle Corinthienne ; mais quelle est ma surprise lorsqu'en rentrant le soir chez moi je la trouve dans ma chambre !

Dès qu'elle m'aperçut, elle vint à ma rencontre et me dit naïvement :

— C'est moi ; je vous attendais.

— Et le comte ?

— Eh bien, il partira sans moi, je ne veux pas le suivre dans le vilain pays où il va, j'aime bien mieux rester à Trieste et chez un honnête seigneur. Je suis venue chez vous : j'espère que vous n'aurez pas la cruauté de me renvoyer.

— Dieu m'en garde ! ma belle fille, tu es faite pour être bien reçue partout. Te voilà en sûreté ici, et je te jure que personne ne pénétrera dans cette chambre tout le temps qu'il te conviendra d'y rester. Je te sais gré de m'avoir choisi pour ton protecteur ; mais s'il est vrai, comme on le dit, que le comte soit amoureux de toi, il ne se résoudra jamais à partir seul. Il est probable qu'il restera encore demain à Trieste et qu'il te cherchera partout.

— Partout, excepté ici. Promettez-moi, monsieur, de ne pas me contraindre à quitter cet asile, quand bien même mon mauvais génie lui inspirerait la pensée de venir m'y chercher.

— Je t'en donne ma parole; mais, lui dis-je, je n'ai qu'un lit ; comment nous arrangerons-nous ?

Elle sourit et baissa les yeux ; c'était la meilleure réponse qu'elle puisse me faire.

C'était encore une bonne fortune que je devais à mon heureuse étoile et à l'occasion.

Je passai une nuit délicieuse, et cette belle personne me fit goûter des jouissances dont j'étais sevré depuis longtemps.

Dès neuf heures du matin, Stasalvo vint frapper à la porte de ma chambre.

— Je n'ouvre pas.

— Pourquoi ?

— Il y a ici de la contrebande.

— Est-ce ma Corinthienne ?

— Précisément.

— La voilà retrouvée.

— Pas encore.

— J'espère que vous ne la retiendrez pas malgré moi?

— Vous voulez que je vous la livre malgré elle, c'est impossible; je lui ai donné ma parole d'honneur que personne ne lui ferait violence chez moi, et je tiendrai mon serment.

— Eh! qui vous parle de lui faire violence? Ouvrez-moi seulement, je lui parlerai, et aussitôt elle me suivra d'elle-même; vous allez voir.

Lenzica entendait tout; elle me dit :

— Laissez-le entrer, je vais bien le recevoir.

J'ouvre et les voilà en présence. Alors Lenzica demande à Stasalvo si elle l'avait volé, si elle a contracté quelque engagement avec lui, enfin si elle a le droit de le quitter. Le comte répond non aux deux premières questions et oui à la dernière.

— Eh bien! je vous quitte! s'écria la jeune fille.

— Monsieur le comte, lui dis-je d'un ton solennel, vous avez vous-même dicté votre arrêt.

— Mais la raison ? Qu'elle donne une raison !

— Ma volonté, répondit Lenzica.

A ces mots, la colère du comte s'apaisa, il descendit jusqu'aux supplications pour fléchir sa servante. Tout fut inutile. Alors le pauvre comte s'éloigna, le cœur navré, sans avoir pu obtenir la moindre caresse de son infidèle Corinthienne. Il faut croire qu'en une seule nuit j'avais bien fait du chemin dans le cœur de la belle fille.

Le secret de notre liaison étant connu, je fis servir un dîner pour deux. Les mets les plus délicats et les vins les plus généreux devaient nous exciter au plaisir. Lenzica était vraiment charmante et c'est en tremblant de bonheur que je la déshabillai complètement.

Rempli d'ivresse, je pressai entre mes bras ses formes si pures et je couvris de baisers brûlants ses seins blancs comme la neige et aussi durs que le marbre. Semblable à la fraise en fleur, un point rose, imperceptible, couronnait ces globes éblouissants.

Ma main avide et frémissante glissa sur cette peau plus douce que le satin, pour se perdre dans la plus riche toison que fille d'Ève ait jamais possédée.

Bientôt la belle Corinthienne, en poussant des soupirs entrecoupés par les convulsions de la jouissance la plus enivrante, tomba pâmée entre mes bras. Pendant quatre heures nous demeurâmes entrelacés dans les bras l'un de l'autre, en proie à toutes les extases de la volupté.

Pendant un mois environ, nous nous livrâmes des assauts amoureux, qui ne se terminèrent pas toujours à mon avantage; ma jeunesse s'était envolée, mais les feux de la passion ne s'étaient pas encore éteints dans mon cœur.

Je me séparai de Lenzica avec peine; elle voulut retourner à Laybath auprès de sa tante, je l'accompagnai jusqu'à deux lieues hors de la ville et je lui fis mes adieux.

Au nombre des personnes de distinction que je voyais fréquemment à Trieste, se trouvait le comte Louis de Torriano. C'était un jeune homme de trente ans, fort riche, mais peu sociable; il était même d'une brutalité révoltante.

Un jour il m'invita à aller passer l'été à sa maison de campagne et j'eus la sottise d'accepter.

En arrivant à la Spessa, je ne trouvai pas mon hôte; mais profitant de son offre obligeante, je me fis servir à souper. Le comte Torriano me trouva dans cette occupation. Il me fit compliment de mon robuste appétit; puis, il prit congé de moi d'une façon un peu brusque. D'après cette réception, je jugeai que mon séjour à Spessa ne m'offrirait pas beaucoup d'agrément. Pour me distraire, je m'étais lié secrètement avec une jeune paysanne, veuve et très égrillarde.

Elle me donnait de l'amour et je lui donnais de l'argent. Elle venait chez moi toutes les nuits à peu près; c'était mon unique passe-temps à la Spessa. Quoique très ardente dans l'occasion, elle était douce et soumise, ce qui n'est pas commun parmi les paysannes du Frioul. Nous étions d'autant plus charmés de notre union, qu'elle semblait être un mystère pour tout le monde et que nous n'avions ni jaloux ni envieux. Erreur complète! Sgualda (c'est son nom) me quittait ordinairement à la pointe du jour, et sortait par une porte qui donnait sur la route. Voilà qu'un beau matin, au moment où elle venait de partir, je l'entends pousser des cris; j'ouvre précipitamment et que vois-je? le terrible Torriano qui la rouait de coups. Je m'élance sur lui, et nous tombons ensemble, lui dessous, moi dessus. Ma veuve s'esquive pendant la lutte. J'étais en chemise, ce qui rendait le combat inégal: en outre, il était armé d'un bâton et je n'avais que mes poings, encore l'un était-il malade. D'une main, je contiens mon homme, et, de l'autre, je lui presse le cou jusqu'à l'étrangler à moitié. Il m'avait pris aux cheveux de la main gauche, mais il lâcha prise bien vite en perdant la respiration. Furieux et ne me contenant plus, je lui arrache la canne des mains, et lui rends avec abondance ce qu'il avait donné à la pauvre Sgualda. Mes coups lui rendent ses sens; il se lève, prend la fuite à toutes jambes.

Le lendemain nous devions nous battre, mais il me fit ses excuses; il poussa même la lâcheté jusqu'à vouloir m'embrasser avant mon départ.

J'arrivai à Trieste le 1er janvier 1774 et je me logeai à la grande auberge située sur la plus belle place de la ville. Il y avait alors à Trieste une troupe de comédiens au nombre desquels je retrouvai Irène, cette Irène que j'avais aimée, la fille du prétendu comte Rinaldi. Elle me reconnut et m'invita à souper. Je lui promis de venir le soir même après le spectacle.

Tous les convives, sept ou huit jeunes gens, je crois, étaient amoureux d'elle, ce qui les empêchait de voir avec quel heureux à-propos elle faisait sauter la banque; car on jouait chez elle presque tous les soirs après le souper.

M'étant aperçu de son heureux talent, je lui donnai le conseil de ne pas saigner trop abondamment ses amis, car un scandale aurait eu des conséquences fâcheuses pour son avenir.

A quelques jours de là, Irène quitta Trieste avec toute la troupe.

Les mémoires de Casanova finissent ici, soit qu'il n'ait pas continué son récit, soit qu'il ait jugé à propos d'en retrancher la deuxième partie.

(*Note de l'Éditeur.*)

Ce fut une belle nuit que celle que je passai entre les bras de ces jeunes filles. (Page 189.)

12

NOTICE BIOGRAPHIQUE

Le prince de Ligne a connu Casanova, et dans ses Mélanges, il a fait un portrait très ressemblant du célèbre aventurier. Nous nous faisons un devoir de donner à nos lecteurs cette esquisse biographique.

Jacques Casanova, dit *de Seingalt*, était le fils d'un père inconnu et d'une mauvaise comédienne de Venise.

Dans ses Mémoires, il s'accuse de sa modeste origine avec le sans gêne qui lui est familier.

C'était un homme doué de beaucoup d'esprit

et d'un extérieur agréable. Il a une manière de dire les choses qui tient de l'Arlequin balourd et du Figaro, ce qui le rend très plaisant. Sa tournure d'esprit et ses saillies ont un esprit de sel attique.

Il est sensible et reconnaissant; mais pour peu qu'on lui déplaise, il est méchant, hargneux et détestable; un million qu'on lui donnerait ne rachèterait pas une petite plaisanterie qu'on lui aurait faite.

Son style est celui des anciennes préfaces; il est long, diffus, lourd; mais, s'il a quelque chose à raconter, comme, par exemple, ses aventures, il y met une telle originalité mêlée de naïveté, qu'on ne saurait trop l'admirer.

Il ne croit à rien et cependant il est très superstitieux; il a de l'honneur et de la délicatesse à certains moments; mais, dans bien des circonstances, il procède comme un *chevalier d'industrie*. Il est rare qu'il ne triche pas au jeu ; c'est du reste le moyen qu'il emploie souvent pour se tirer d'embarras.

Il ne faut pas lui en faire un crime, car à l'époque où vivait notre célèbre *aventurier*, les plus riches seigneurs se servaient de cet expédient peu honnête pour remplir leur bourse.

Il aime les plaisirs et la bonne chère, et après avoir usé et abusé de tout, il sait facilement supporter la mauvaise fortune. Les femmes et les petites filles lui font tourner la tête, et lorsqu'il ne peut plus les séduire, il se met en colère contre le beau sexe et contre lui-même. Il se venge de cela contre tout ce qui est mangeable et potable : ne pouvant plus être un dieu dans les jardins, un satyre dans les forêts, c'est un loup à table; il ne fait grâce à rien, commence gaiement et finit tristement, désolé de ne pouvoir plus recommencer.

S'il a profité quelquefois de sa supériorité sur quelques individus pour faire fortune, il a su rendre heureux ceux qui l'entouraient.

Au milieu des plus grands désordres de la jeunesse la plus orageuse et de ses nombreuses aventures, quelquefois un peu équivoques, il a montré de l'honneur, de la délicatesse et du courage. Il est fier parce qu'il n'est rien et qu'il n'a rien : rentier, financier ou grand seigneur, il aurait été peut-être plus facile à vivre; mais qu'on ne le contrarie point, surtout que l'on ne rie point ; mais qu'on le lise et qu'on l'écoute, car son amour-propre est toujours sous les armes ; ne lui dites jamais que vous savez l'histoire qu'il va vous conter, ayez l'air de l'entendre pour la première fois. Ne manquez pas de lui faire la révérence, car un rien vous en fera un ennemi.

Sa prodigieuse imagination, la vivacité de son esprit, ses voyages, tous les métiers qu'il a faits, sa fermeté dans l'absence de tous les biens moraux et physiques, en font un homme rare, précieux à rencontrer, digne même de considération et de beaucoup d'amitié de la part du très petit nombre de personnes qui trouvèrent grâce devant lui.

Les cinq dernières années de sa vie se passent à se désoler sur la conquête de son ingrate patrie. Il regrette amèrement les beaux jours de sa jeunesse. On peut dire que la dernière passion qui s'éteignit en lui fut la gourmandise ; aussi, lorsque son appétit eut disparu, il s'apprêta à quitter la vie sans regrets ; jusqu'à son dernier moment il remplit son *rôle* avec dignité et les dernières paroles qu'il prononça en recevant les Sacrements furent : « Grand Dieu ! et vous, témoins de ma mort, sachez que j'ai vécu en philosophe et que je meurs en chrétien ! »

TABLE DES MATIÈRES

IMP. CH. LÉVICE, MAISONS LAFFITTE.

www.ingramcontent.com/pod-product-compliance
Ingram Content Group UK Ltd.
Pitfield, Milton Keynes, MK11 3LW, UK
UKHW021127220726
13924UKWH00004B/1947